做出好选择

马华兴
王鹏
著

中国友谊出版公司

前 言

这是一次有意思的咨询，来访者跟自己的上级发生了冲突。

他说："我老板之前答应我今年完成绩效就给我二十万，结果年底我超额完成了，他却说，你看公司又遇到新困难了，这个兑现不了了。遇到这个没信用的老板，您说我是不是得走？"

如果他咨询的朋友是梁山好汉，估计会义愤填膺，直接抄家伙，救兄弟了。

或者一般的朋友会直接给建议："必须走，这样的老板跟不得。"

可能也有人会给相反的建议："现在就业这么困难，你走了可能找不到更好的，还是先忍忍。"

但是，他遇到了我。

我问了他一个问题："你希望过了两三年，自己达到一个什么目标，工作的目标和生活的目标都是什么样的？"

他想了想说："工作上有自己的团队，能跟更高端、知名公司的人合作项目，管理团队操盘百万用户的产品，收入怎么也得50万以上吧。生活上还没想，估计还是以工作为主吧。"

我又问了一个问题："那你手里有什么选择能实现这个目标呢？除了

在这家公司继续干,还有什么?"

他说:"跳槽去A公司或者B公司,要么就自己创业单干。"

我又问了一个问题:"在这么多个选项里,留下、去A公司、去B公司、自己创业,哪个更有助于实现你之前这个目标?"

他想了想,有点明白但又有点不甘心地说:"难道我现在就只能跟这么个老板干下去?"很明显,他也意识到,留下是个最理性的选择。只不过情感上还过不去。

我说:"你老板最后能跟你谈这个事,至少说明了一点,他记着之前跟你说的话。他依然够真诚,甚至还会有点内疚。换成其他人,很可能直接忽视对你的承诺,选择性忘记。从这个角度看,他并非是人品很差的人。"

这个案例,看上去是个"去还是留"的二选一问题,但我把它变成了"你的未来要实现什么目标?"的问答题,然后再基于未来的目标,转化成"你有几个选项来实现目标"的多选一问题,最后,再分析留下和其他选项哪个能更有效达成目标。

尽管这本书的名字叫《做出好选择》,但是正如上边这个案例所体现的:

一切选择题的背后,都是开放题。

有一次,我把这个故事给同样是职业规划教练的王鹏老师讲,他一拍脑门,说:"你不觉得我们接受的几乎所有的咨询案例都跟选择有关吗?"

"老公说,别工作了,养你,该信吗?"

"原有部门取消并入新部门,该去吗?"

前言

"努力找自己喜欢的工作还是喜欢上自己的工作?"

"毕业后的工作选择该听父母的吗?"

"我要不要做自由职业?"

"我该不该考公务员?"

这些看似是"选择"的问题,背后都不是二选一那么简单。但是,提问者的大脑会偷懒,会把更系统的思考简化为两个选择。大脑的这次偷懒,反而让人无所适从。

从2010年到现在,我们在职业生涯规划领域浸淫了10年,咨询过上千个有职业困惑的个人,为上百家企业提供职业发展、人才管理的咨询培训。这期间我们面对着各种客户的成千上万个选择问题。我们发现,这成千上万个问题,不少都是被反复咀嚼过的老问题,而大家并未解忧的根源依然在于,只停留在选择的最表层担心、思考、忧愁,而并未想过选择的背后意图、深层逻辑和多维思考。

于是,我们想到了写出这样一本书,把人们关心的那些选择题,用全新的思维再次解读一下。

在这本书里,整理了职场上被最频繁问到的37个和工作相关的痛点,分为五个部分,分别讨论行业的趋势和发展、职业规划、职场关系和人际矛盾、职业发展与晋升、工作去留与平衡的各种选择题。

这些问题几乎都是现在社会多数人关注的问题:有随着社会发展产生

做出好选择

的新问题，也有辩论了几百年各有道理的老问题；有职业趋势演化的宏观问题，也有工作生活中的家长里短问题。这些问题会在我们生活工作的某一段影响我们，甚至长久地伴随着我们。

我们想做到的是，不基于个人经验，而做逻辑性思考；不灌心灵鸡汤，而讲具体策略；不做主流评价，而用系统分析。

如果读者们读完后有种认知被刷新，思维被激活的感受，并能按照分析应用在每个人的工作中，相信你的职业，乃至人生都能产生一个不小的成长。

最后，如果你真的对自己的工作方向乃至人生方向特别迷茫，请先看本书的第二部分"我对未来很迷茫怎么办？"并关注微信公众号"言职有理星球"，ID："yzylbj2018"，回复"做出好选择"，里面有一个工具"迷茫导航仪"，它会帮助你。

马华兴
2020年10月

目 录

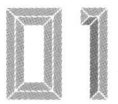

风口上的猪，是飞得更高还是摔得更惨

人工智能时代来临，哪些是低危职业 / 003

"斜杠"会成为未来年轻人职业发展的趋势吗 / 010

自由职业者如何发展职业 / 015

考上公务员该怎么发展职业 / 023

在中小家族企业该如何发展职业 / 031

进修学历对职场提升有帮助吗 / 038

专家和管理，哪个更有利于职业发展 / 045

通才和专才，哪个更值钱 / 053

理想与面包，究竟哪个更重要

我对未来很迷茫，怎么办 / 061

工作选择该听父母的意见吗 / 069

按自己的天赋优势去求职，失败了怎么办 / 075

面试不被录用，除了能力还有哪些原因 / 081

努力拼搏赚钱，还是平淡生活，随遇而安 / 088

努力找自己喜欢的工作，还是喜欢上自己的工作 / 093

工作十几年一直找不到自己的理想怎么办 / 099

30 岁之前要确定职业方向，否则就没机会了吗 / 104

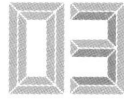

飞来横锅，应该怎么应对

领导总是针对我怎么办 / 113

沟通中无意和上级起了冲突怎么办 / 119

如何成为领导喜欢的下属 / 125

工作中为什么往往"会说的"人占便宜 / 132

如何判断领导是在培养你，还是在压榨你 / 138

领导给我的岗位，和我自己的发展目标冲突怎么办 / 144

跟客户的意见有冲突，应该坚持自己的专业判断，还是听客户的 / 150

领导不兑现奖励承诺怎么办 / 155

百转千回，如何更进一步

为什么我很努力了，就是赚不到钱 / 165

听了很多课，看了很多书，为什么生活还是没有大的改变 / 169

目录

我的颜值不高，该怎么发展 / 175

在大城市打拼如何发展自己的人脉 / 182

怎么让公司更多的人，特别是大老板认识我 / 188

在公司里是该追求升职还是加薪 / 194

走还是留？
这一直是个问题

刚入职有激情，工作半年后激情不在想离开，
怎么办 / 201

手头的项目不受重视，没有资源，又必须要做，
怎么办 / 208

行业在走下坡路，我应该走还是留 / 213

原有部门取消并入新部门，该留下还是离开 / 220

如何为可能的裁员准备 PLAN B / 227

老公说，"别工作了，养你一辈子"，该信吗 / 235

事业上升期突然怀孕，该怎么办 / 241

后 记 / 246

 风口上的猪,是飞得更高还是摔得更惨

关于行业趋势与发展

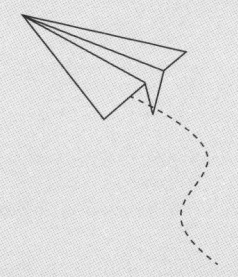

人工智能时代来临，哪些是低危职业

> "一直在一个公司做行政，钱少，领导也不待见。想学财务，考证以后可以当会计；但是听很多人说人工智能时代来了，很多工作都会被机器取代，会计就是其中之一。那未来做什么工作不容易被人工智能取代呀？"

关于人工智能对人类职业的威胁，从阿法狗（AlphaGo）打败李世石开始就甚嚣尘上了。

确实，不少领域都已经出现了来自人工智能的威胁：高速公路收费站用ETC取代收费员，ETC就是一种人工智能；银行营业厅安装了各种银行业务机器，取代了窗口柜员；各种新闻提到，曾经是金饭碗的证券公司操作员已经大量被机器取代……

这些信息都预示着，机器正在并将要取代曾经可以广泛就业的职业，甚至这些职业很多都还是高收入岗位。

从2015年至今，英国BBC基于剑桥大学研究者迈克尔·奥斯本和卡尔·费雷的数据体系持续发布了一个研究结果，罗列了365个可能受到人工智能威胁的职业，并对它们进行了排名。这里我们看一下这几年统计出来的最高风险的5个工作和最安全的5个工作（见表 1-1，表 1-2）：

表 1-1　高风险工作

编号	职业	取代风险
1	电话销售	99%
2	打字员或键盘工作者	98.5%
3	法律秘书	97.6%
4	财务客户经理	97.6%
5	物料记录员、仓库分拣员	97.6%

表 1-2　安全工作

编号	职业	取代风险
1	酒店经理或老板	0.4%
2	酒吧或许可证店老板	0.4%
3	教育管理者	0.4%
4	语言治疗师、演讲教练	0.5%
5	社会服务管理者	0.7%

虽然国外的职业跟国内会有一些出入，我们依然可以从这个研究结果中窥得职业发展的大趋势。

到底怎样的职业会是人工智能时代的低危职业呢？我们其实可以从三个角度来分析：

区分程序型工作和探索型工作

我们所做的所有工作，都可以分为两个类型：程序型工作和探索型工作。

1. 程序型工作

程序型工作，是依据一套标准化、流程化的操作就能实施的工作。

比如工厂的生产线。从一个器件变成一个产品，需要几百个程序和标准，只要按照程序和标准完成每一道工序，产品就能做出来。

银行的前台业务，每个业务都有标准化的流程和动作，甚至面对客户的每句话都有相应的标准化话术。这也是典型的程序型工作。

电话销售，电话销售跟线下销售的一个重要区别是，电话销售的流程化标准化极为详细严格，它不针对每一个潜在客户，通过关注每个客户的特点、反应进行表达，而是会把客户的回应分成几类，针对每类回应设计一套标准化话术来应对，实现一定比例的客户转化。

2. 探索型工作

探索型工作，光靠标准化流程化是不能完成的，几乎每个项目都需要一些新的探索。

比如临床医生。也许病人的病症有相似性，但每台手术的病人特点不一样，病灶不一样，手术中都多少需要一些探索。

设计师。设计师的平面设计、UI设计都需要投入探索。尽管现有的软件已经能实现更多一键设计功能，但脚本怎么写、分镜怎么画，效果怎么彰显，每个作品都需要探索。

心理咨询师。每一次心理咨询都是一次未知探索，来访者的情绪、表达、语言，以及自己的感受、提问、分析都是全新的体验。

那么，人工智能主要能完成什么工作？自然是程序型工作。

一切可以被流程化标准化的工作，都可以被机器完成。

生产线被机器取代已经不是什么新鲜事。毕竟这些流程化标准化的工作以体力为主，曾经的工业化就是取代体力劳动；但是现在，大量可以流程化标准化的"脑力"工作也会被人工智能取代。只要工作内容中有大量可重复流程、可被编码的程序，机器就会借助其强大算力，通过海量学习，替代人力。比如读取、记忆、复述、数据分析这类工作。

因此，电话销售、银行柜员，甚至证券公司操盘手，这些程序型工作背后的技能会在人工智能的冲击下迅速贬值，工作的护城河会被迅速冲垮。

相对而言，探索型工作则还能有更长的生存空间。毕竟探索型工作的大量细节无法流程化标准化，需要相当的情感、经验和人脑决策。这些任务，人工智能确实在学习，但习得所需的时间更长；即便习得，人类也不敢交给机器。

这些工作就是安全工作。

那探索型工作具体有哪些呢？

三类有前途的探索型工作

这三类探索型工作在未来会更有技术含量，不容易被取代，也会有更大需求。我称之为"三个安全岛"。

1. 社交类工作

我经常做职业生涯咨询，这种咨询的特点是，很多时候都要见面沟通。双方需要看到彼此，观察彼此，感受彼此，才能起到有效沟通。这种工作，就是社交类工作。

社交类工作中的沟通，都需要投入大量情感。你需要了解对方的感受、需求、心理状态、思维观念，并由此做出共情、理解、体察、觉察，用恰当且丰富的语言、行为，在与对方的互动中实现工作目标。这一切动词，对于人工智能来说都是很大的挑战。

美剧《西部世界》中的机器人完全能够自主社交沟通，看上去很可怕。但基于大量工程师的观后感，他们认为《西部世界》的科幻色彩更大于现实色彩。现在的人工智能想要实现真正的"社交"为时尚早。

社交类工作,是第一个安全岛。

典型的社交类工作有:

大客户销售、咨询师、市场营销、人力资源、客户服务、老师。

2. 设计类工作

设计的英文"Design"就脱胎于艺术领域,之后用到了工业、管理领域。跟"开发""制造"相比,"设计"更具备从0到1的原创特色。一听到设计这个词,我们的大脑里往往会想到的是计谋、图案这样具有原创性、尚未成型、尚未大规模使用的形态。

设计的"原创性"特点使得机器取代这个能力变得更加困难。人工智能可以做大量重复的任务,只要任务可编码,就可学习。但人工智能还很难做原创性的工作。它可以复制一百万张梵·高的《星空》,但无法成为梵·高,原创出一张带有全新感受的美术作品。

因此,带有原创色彩的设计类工作,是第二个安全岛。

典型的设计类工作有:

平面设计师、UI设计师、动效设计师、文案策划、编剧。

3. 经验类工作

一个"有经验"的医生和一个"有技能"的医生,大家一定认为"有经验"的医生更厉害。那"经验"和"技能"有什么区别呢?

字典里将经验定义为"由实践得来的知识或技能",似乎跟技能做了区分。但是我们还是不太能想明白,为什么有经验会比有技能更厉害?

我来提供一个我对于经验的定义。

经验,是一个人对领域中偶发事件认知、评估和应对的能力。

经验和技能的区别在于"偶发事件"。

有经验的医生,意味着他在看病过程中经历过大量的偶发事件,比如各种疑难症状，手术中的各种突发意外，并由此建立起一套认知、评估和应对的能力。而一个有技能但经验不丰富的医生，表明他只能应对某种典型的疾病症状，典型的手术方法，对偶发事件没有建立一套能力。

当一个职业更看重经验，意味着该职业的偶发事件特别多，比如医生、老师、隧道设计师；同时意味着该职业的偶发事件影响力特别大，比如飞行员、基金经理。

我们一直强调，人工智能最能干的地方就是"可重复"，而偶发事件的特点就是"不可重复"。因此，当一个职业更看重经验，那该职业就很难被人工智能代替。

经验类工作，是第三个安全岛。

典型的经验类工作有：

医生、老师、咨询师、律师、飞行员、基金经理、隧道设计师、架构师、人工智能工程师。

如果你正在或准备从事以上三类工作，那你大可放心，这些工作不但是安全的，甚至还是未来更有发展前景的职业。

判断是否为哑铃型行业

什么叫"哑铃型行业"？就是指这个行业60%的工作是程序型工作，40%的工作是探索型工作。

比如金融行业就已经呈现哑铃型行业的特点。

在金融领域，60%的工作是程序型工作，比如银行柜员、电话销售、基础会计、证券操盘手；而40%的工作则是探索型工作，比如投资分析师、基金经理、理财规划师。

行业里的工作变成了两级。

这意味着，一旦人工智能在金融行业普及，60%的程序型工作的需求量会越来越少。

因此，如果你想从事或转行金融业，或者你家孩子未来想学金融，一定要规避60%的程序型工作，选择40%的探索型工作。

而这40%的工作就需要更高学历，更多专业知识的积累。

拥有哑铃型特点的行业还有很多，比如：

司法领域。律师、法官是探索型工作。法务专员、书记员干的却都是程序型的工作。

机械领域。工程师、设计师是探索型工作。操作员、生产管理则是程序型工作。

如果各位从事这类行业，一定要选择探索型工作。否则，即使程序型工作做得再好，门口来了一排机器，这个社会也将不再需要你。

总 结

★工作可分为两类：程序型工作和探索型工作，从事探索型工作是未来的方向。

★三种有前途的探索型工作：社交类工作、设计类工作、经验类工作。

★有些行业会出现哑铃型的分布特征，要尽可能进入到探索型工作中去。

"斜杠"会成为未来年轻人职业发展的趋势吗

> "这是我工作的第四个年头,我对本职工作说不上热爱,只能算是谋生手段吧。我周围很多同事都有兼职工作,就是大家说的'斜杠青年'。有朋友劝我说'斜杠青年'是未来的趋势,让我早做准备,别在一个岗位上耗尽精力。我有些心动,但是又不知道能做什么兼职?"

有天,我找了一个著名的手相大师给我看手相。

他看了看我的手说:"你皮肤挺干啊。"

没等我回应他就继续说道:"要不试试这款护手霜吧。"

我:……

你看,连大师都要做副业。这个时代,大家都流行斜杠,好像你不在业余时间做点什么,就显得很没上进心。

在对斜杠这件事的态度上,社会普遍有两种典型的观点:

第一,我们应该专注主业,斜杠很不靠谱。人的精力是有限的,全部投入主业都不一定能做出成绩来,还要分出一部分去做兼职?相当于一份精力两个工作分,很容易出现一个都做不好的情况,这就是舍本逐末,怎么会有好结果?

第二,斜杠非常有必要,是主业的"B计划"。万一遇到主业发展不顺利，比如裁员，有一份兼职工作至少有个保底。而且还有可能通过兼职链接更多的职场人脉和职场资源，对主业反而有很大的促进作用。

抛开具体情况谈对错是没有意义的。所以要不要斜杠，以及要做什么斜杠得从自己的情况出发。我将从三个方面帮你逐一分析"斜杠"这件事。

斜杠只在某些领域是趋势

斜杠是不是趋势得看你兼职的雇主是谁。我把雇主大致分为两类：个人和企业。一般来说，如果你"斜杠"的雇主是企业，那没准不是趋势。

罗辑思维曾经定义过一类新型人才，叫U盘型人才——自带信息，不装系统，随时插拔，自由协作。简单说就是企业不需要给这类员工固定岗位，员工也不追求在企业有一席之地，员工自带专业与技术，企业需要的时候就像U盘一样插上去，工作结束后可以拔下来。U盘也不需要固定在某一台主机上，在这台主机上工作完了就可以随时插到下一台主机的接口中。这种观点一度十分流行。

如果一个人天赋异禀，同时斜杠多家企业，收入翻十倍不是梦。但是你仔细想想，U盘里装的从来都是不频繁使用的文件，有谁会把操作系统装在U盘上？更不用说万一U盘自带病毒，整个电脑系统都得瘫痪。

企业能外包的都是非核心业务。做一个U盘型人才也就意味着这类人只能做企业的非核心工作，而那些核心、值钱的项目永远做不了，因为很有可能你转头就去竞争对手的公司继续做U盘，这对企业来说要冒巨大的风险。不过，非核心业务也有可能变为核心，那就会出现"外包变自雇"的角色变化。比如：一些电商公司原本是把设计外包给兼职的设计师，设计师就是U盘；但当电商公司规模变大，设计工作变得更为重要，他们往往就会改变策略，变外包为自雇，自己招聘全职设计师。

反之，如果服务的是个人客户，那兼职确实是个趋势。其原因在于：

当互联网成为基础设施的时候，会成倍放大个人的工作效率。比如你想要当个作家出本书，从选题开始，到写作、修改、刊印、营销，最后到达读者手里，每一个环节都有一堆人相互配合，短则一年，长的甚至几年才能完成一本书的出版。但是微信公众号的出现打破了这个烦琐的流程，从文章创作到排版上传，从公众号群发到打赏收钱，整个流程一个人就可以完成，一个人堪比一家公司。

所以，多数斜杠能坚持下来，都是因为在为个人服务，比如：斜杠写文章、斜杠做课程、斜杠社群运营、斜杠开小店、斜杠带货……

三种典型斜杠模式优缺点分析

虽然斜杠在个人领域的确是一个趋势，但不代表人人都能赚到钱。因为斜杠也有章法，这里有三种典型的斜杠模式。

第一种模式是卖时间。比如，白天上班，晚上或者周末跑滴滴、送外卖、摆地摊等。简而言之就是利用业余时间，多打一份工。这种模式的优点在于门槛低，易于操作，只要你愿意，总会有各种兼职的机会。但是缺点也非常明显，工作辛苦但是收入提升不多。一方面你的时间有限，一天24小时，主业8小时，吃饭睡觉6～8小时，最多你还能挤出8～10个小时的时间兼职。另一方面由于兼职门槛低，一小时的工作酬劳往往也不会太高。这种卖时间的斜杠，总给人一种"其实在加班"的错觉。

第二种模式是卖兴趣。比如，我喜欢写作，我就开个公众号，不断地写。我也不指望一定能靠写作养活自己，但是我持续写，有人持续看，我就挺高兴。说不定粉丝越来越多之后，我可能就把兴趣变成主业了。手机摄影、心理咨询、写作演讲，基本都是这种模式。这种模式的优点是起步快，如果有一定数量的粉丝认可还能满足自己的虚荣心。但是这种模式回报周期长，很难坚持下来。从兴趣爱好，到能够赚钱，到最后完全养活自己，除了靠长期投入时间，还得拼个人技能和经验，毕竟你是在拿自己的业余水平挑战别人的专业水平。

第三种模式是卖关系。拿兼职卖保险做例子。兼职卖保险能卖出好业绩的人，都具备一个前提条件：他认识的人足够多，相信他的人也足够多。保险、微商的本质是做漏斗筛选：你认识1000个人，里面恰好有100个人对你的产品有需求，这100个人里恰好有10个相信你，于是成交了。卖关系的模式优点是变现快，销售话术都是现成的，只要肯学，赚钱不会特别难。但如果没有新的关系补充，很快就会陷入瓶颈，而信任都是靠时间堆出来的，旧的关系卖完了，新的关系信任度又不够，中间这段时间就青黄不接了。

做斜杠的正确思路

如果真的想做斜杠，正确思路应该是怎么样的呢？

一切职业的本质都是交换：我们卖出时间和解决问题的能力，交换回钱。而斜杠这件事无非也就是要在卖时间和卖能力上下功夫，我总结了两个斜杠思路，供你参考。

思路一，同一份时间，卖出更多次。工作就是把8个小时打包卖给公司。那有没有可能8个小时同时卖给很多公司呢？一个方法就是"产品化"。比如一个人花了10个小时录制了一门网课，网上售价99元，如果有100个人买就相当于把这10个小时的劳动成果卖了100次。所以，斜杠的第一个思路是一定要去做那些投入一次能够反复售卖的事情。一方面会放大你的劳动成果，另一方面不会一直占用你的精力，不影响主业的发展。**这叫"副业"变"复业"，重复的"复"。**

思路二，卖给更高客单价的客户。如果你提供的服务很难产品化，那能不能卖更贵的价格。我有一个朋友在职业发展和职业规划领域很专业，她曾经开过一个公司，专门面向大学生提供职业规划的咨询和培训业务，也拿到了一点种子投资，但是苦撑了两年，完全没做起来。她后来分析原因，并不是她的能力有问题，她咨询过的毕业生都能抓住不错的机会入职心仪的公司，问题应该在客户定位上。本来就缺钱的大学生在职业方面根本不愿意花钱。于是她果断转型，某头部大学MBA出身的她，开始做名校MBA辅导，从准备材料到备考再到面试辅导，一个客户就收3~4万元，一个人一年服务30个客户，反而做得小而美。毕竟能花30~40万元读MBA的群体，并不太抗拒再多花10%买个辅导作为保险。

所以，如果提供的服务没法产品化，那就要学会挑客户，尽可能地去服务高客单价的客户群体，让单位时间的效益最大化。**这叫"副业"变"富业"，富裕的"富"。**

没有副业，只有复业，或富业。

> **总　结**
>
> ★ "斜杠"只在某些领域是趋势。
>
> ★ 三种兼职模式各有优劣，因人而异。
>
> ★ 兼职诀窍：一次时间卖多次和卖给服务客单价高的客户群体。

自由职业者如何发展职业

> "我从公司辞职半年,现在是一名自由职业者,给几个客户做平面设计和宣传设计。但做了半年很焦虑,业务总是时有时无,也不知道未来发展怎么样。在公司工作,公司起码会给我们画个饼,有一个晋升路线。而自由职业者并没有。那么自由职业者该如何做职业规划,发展自己的职业呢?"

美国劳工统计局数据表明,早在2016年,美国就有5300万自由职业者。而国家统计局2020年的数据表明,中国7.7亿的就业大军中,"灵活就业"人数达2亿。灵活就业,是包括了自由职业者、小生意者、家政人员、外卖小哥、餐厅服务员等不与公司签劳动合同的人群。这其中如果仅做个保守估计,自由职业者占20%,那也有4000万人。这里所说的自由职业者,多数为提供专业技术服务的人群,比如摄影师、撰稿人、设计师、程序员、培训师、咨询师等。

由于在线支付、在线协同、在线社群的普及,这个数字还在持续增加。领英有预测认为未来43%的工作者都将是自由职业者。

而自由职业者们会发现,作为上班族,公司还能给一个职业发展方向、职级序列、年度目标,而自己单干的自由职业者并没有这些,好像一下子失去了方向。

甚至,多数自由职业者的工作状态是,接到项目,忙起来连轴转;没接到项目,闲得天天宅在家,一天"躺尸"8小时手游加三餐外卖。永远不知道明天会怎么样,于是更加迷茫了。

对自由职业者的职业发展,目前可分为两类:

鸡汤类:重要的是找到自己热爱的事业,并一直做下去;

鸡血类:自律才能自由,能有发展的自由职业者都得学会自律。

于是,自由职业者的人生发展就是在鸡血和鸡汤中徘徊。

为了避免鸡血和鸡汤,下面我将从更结构化的角度来分析一下自由职业者如何做职业发展规划。

职业发展方向从何而来

对于一个公司员工而言,他的职业发展是相对清晰的,这是为什么?主要是公司为员工提供了四个系统:

1. 支持系统

公司给员工提供了三大支持系统:职能分工、办公环境、月薪。

首先,公司会给每个员工定义其职能分工:生产、销售、研发、运营、财务、人力资源等。一个打工者只负责其中某一个职能。一个人完成该职能工作,发挥该职能价值,都需要上下游职能的支撑。招聘需要人力资源的支持,经费收支需要财务的支持,营销需要产品的支持,这就是一种支持系统。

其次,一个人在公司里能顺利地工作,公司的办公环境也提供了支持。从工位、会议室、办公用品、笔记本电脑的硬件,到邮件、OA[1]、报

---

1 办公自动化(Office Automation,简称OA)

销系统、项目管理系统的软件，都在支持这一个员工把自己的工作开展下去。

最后，则是最直接的支持：每月发钱。无论公司盈利多少，员工是否卖力工作，只要员工正式入职，公司就必须每月按劳动协议给员工发工资。

这个支持系统会让员工很有安全感。

2. 管理系统

同样，一个人能在公司中完成项目，取得业绩，公司建立的管理系统也在其中发挥着作用，它会指挥、监控、督促他一步步推进项目。

典型的管理系统就是：规章制度、项目管理、考勤管理。

公司和各个部门都会建立一整套规章制度管理员工，通过规章制度明确员工的行为规范、工作方式、工作内容。员工遵守这些规章制度，从而完成工作任务，满足公司要求。

很多公司还会建立一套ERP[1]、OA及邮件系统，这类系统都是项目管理系统。员工每天上班都会查看自己的邮箱、OA，看一下自己的项目有哪些，哪些项目在什么阶段，下一步需要做什么。这套项目管理系统如同河道，能够约束员工在河道里流动的方向。

当然，大家都能感受到的考勤系统更是如此，它直接从时间方面约束员工的工作。

3. 协作系统

组织中的工作几乎都无法单独完成，需要多人协作。

与团队内部协作，与不同部门协作，以及与客户协作。这些沟通关系形成了协作系统。公司会提供一整套软件、硬件和规章来告诉你：和团队

---

1 企业资源计划 (Enterprise Resource Planning，简称ERP)

开会的时间、沟通的内容、交付的成果、讨论的话题，达成一系列协作。

4. 职级系统

这可能就是多数工作者所认为的"职业规划"了。

公司会制定一系列岗位头衔：专员、主管、经理、总监等。不少大公司还会建立专家P序列和管理M序列，每个序列设定十几个岗位。当这套职级系统建立起来，每个人定好自己的位置，他下一步目标也就水到渠成般清晰呈现在眼前。

当一个人升到某个岗位后，自然他就能得到该岗位相应的权力和利益。

为了给每个岗位选出适合的人选。公司还建立了一套胜任力模型，这背后是对个人能力和绩效的量化评估。你完成了哪些项目，发挥了什么能力，都会在这套绩效评估、胜任力模型中体现。

岗位头衔、权力利益和绩效评估构成了公司的职级系统。

当公司把这四套系统打造得非常完善时，员工就会发现，下一步需要做的项目及会达到的职级，都很清晰；同时有支持系统给员工发钱，提供良好的办公环境，有管理系统提示任务，监督工作，让员工有安全感；每当完成一个项目，晋升一个职级，都会充满自信与成就感。而这份清晰感、安全感、自信感和成就感构成了一个员工的职业发展方向，你会有种"职业发展感"。

自由职业者们得到了自由，却失去了这四个系统，目标变得不那么清晰，也缺乏安全感，一旦接不到活还会不自信和缺少成就感，最终结果就是没有"职业发展感"。

因此，自由职业者如果想做好职业发展的规划，不是去定位自己的工作，也不是去追寻自己的热情，而是要先帮自己搭建好这四个系统。

自己如何搭建四大系统

1. 支持系统

关于搭建支持系统,我有两个方法:

a. 给自己营造一个工作环境

对自由职业者来说,家是最主要的办公地点。但这个环境会给人一种错觉,家是工作回家休息的场所,并不是工作的场所。这种错觉会导致我们没法专心工作。

因此,自由职业者应该在家里给自己设置一个"办公区",把办公区设定为独立空间,里面只放办公用品,不放任何娱乐休闲工具。自己一旦进入这个办公区,就开始工作。这样,大脑就不会有"这是家"的错觉了。

b. 采用季薪或年薪思维

公司给的薪水都叫"月薪",按月发放。你这个月在忙一个任务,加班,公司会按月发钱;你下个月可能任务没那么重,公司也会按月发钱。

但自由职业就不是这样了。这个月很忙,拿钱很多,下个月因为很多原因没接到工作,就一分钱没有。所以,你发现很多自由职业者给自己吹牛写的文章标题叫"他是如何月入10万的",看上去很唬人,但很可能他是这个月挣了10万,后三个月都没有进账。

自由职业这种收入现象的背后是支付模式的变化。

公司的支付方式叫计时支付,只要时间达标都会给你支付工资;而自由职业的支付方式变成了计件支付,只有做出成果,客户才给钱。正是因为"计件",支付的时间颗粒度发生了变化:有可能很短,比如做家教每小时200元,一课结束立刻结账;也有可能很长,比如做一个软件开发项目3个月,项目开始前预付1万元订金,3个月开发结束验收合格给剩下的4万元。

所以,平衡心态最直接的方式是把月薪思维变成季薪或年薪思维。

我这个月没挣钱，但因为第一个月挣了8万元，就相当于这个季度季薪8万元，平分到每个月是2万多元。当我们把计薪颗粒度扩大到以年为单位时，评估收入时会发现现在赚的比上班的时候还多，是不是就有了一种安全感。

2. 管理系统

公司建立的管理系统，实际上是一种"他律"系统。由公司通过设定纪律来约束员工。

因此当没有公司这套他律系统管理员工时，很多人会强调，自由职业者一定要自律。也就有一些人会说，如果你不能做到自律，那就不要做自由职业者，最好找个公司上班。

但是，自律并不完全是一种天生的个性气质，自律是可以通过后天培养的。

养成自律的方法，就是给自己建立一套"管理系统"。

我有两个建议，可以帮自由职业者建立管理系统。

a. 建立项目管理系统

如前所述，每个公司都会从软硬件开始设立项目管理系统，换做自由职业，人们也完全可以给自己打造一个项目管理系统。

比如：当和一个客户谈成为期一个月的设计项目后，马上用线上工具制定计划、目标里程碑，每隔一周和客户汇报一次进度，这就是个最简单的项目管理系统。

b. 建立时间管理系统

时间管理是个复杂的问题，工具方法也有很多。其实，你只需要给自己建立一个最简单的考勤工具，比如每天早上花5分钟时间，在日历里列出今天要做的事。合理使用手机上的日历App，就能解决大部分的时间管理问题。

3. 协作系统

自由职业者大多数情况下是在单打独斗，极度缺少社交，很容易失去归属感，产生孤独感。

所以，自建协作系统不单单是为了与客户更好地沟通，也是为了不让自己过于封闭，拥有必要的社交，增加归属感。

提供两个协作建议：

a. 跟多人合作虚拟项目

设计师除了单独承接设计任务，最好能参与到有更多人的虚拟合作项目中。有一个虚拟合作项目，就会形成一个多人社群，建立一个虚拟团队。在虚拟团队中沟通、讨论，甚至闲聊，归属感就有了。

b. 加入同行社群

同行社群不仅适用于自由职业者，所有形式的工作者其实都需要。同行能够在一起就专业问题开展讨论，深度学习，还能互相介绍新项目、新业务。当你在同行社群里讲出一句同行才懂的行业用语时，群里的人都能听懂，也就有归属感了。

4. 职级系统

自由职业者需要给自己打造一个"能力树"。以讲师为例，比如：

讲课能力初级，一对一，把高一数学讲透；

讲课能力中级，一对三，不只懂数学教学，还能根据学生的学习方式，因材施教；

讲课能力高级，大班课，能现场出一套高考试卷，并根据不同特点的学生分类教学。

在此提醒，"能力树"的核心不是能力的提升，而是能解决客户更高维度的问题。当你做出一个"能力树"，就等于为自己建立了一个职级系统，并且给自己定制了一个绩效考核制度，一旦能力升一级，也可以给自己冠一个头衔，如"高级讲师""资深讲师"等，报价时也逐步提价。

当自由职业者把这四个系统打造起来，实打实的职业发展方向就确定了。

总　结

★自由职业者得到了自由，失去了公司打造的系统和提供的职业发展方向，因此不得不自己建立这些系统。

★重新建立支持、管理、协作、职级四个系统，自由职业者就能确定自己的职业发展方向了。

考上公务员该怎么发展职业

> "我考上了市直机关公务员。未来工作算是稳定了，但我还是希望能一步步调动、提升，至少能去省里，争取几年后升到副科级。不过不少人说，公务员的职业天花板很低，多数人考上公务员就意味着遇到了天花板。我该怎么发展呢？"

公务员一直是大学毕业生最主要的就业方向。相比在企业打工，公务员的工作稳定，有着旱涝保收的优势。

但是，新问题也随之而来。我给不少公务员做过咨询，发现他们总有强烈的职业倦怠感。经常可以从他们嘴里听到这些话：

"老张就坐我对面，他是一级主任科员，快退休了，看着他，我好像就看到了我退休时的样子。"

"本来以为公务员很清闲，真进入这个行业才发现根本不是这样。每天要写各种材料，面对各种检查，我还是窗口岗位，每天要面对好多群众。遇到大事还要天天加班，一点不比那些996的人轻松。"

"工作是稳定，但收入也很稳定。我干了5年，刚来时全年各种收入全算上一共6万元，现在是7万元，可我那些在企业里的同学都至少年薪10万元了，我们还是在同一个城市。"

……

公务员不同于其他工作，在你觉得要考公的时候就应该想好职业发展规划。否则，即使真考上了，进了机关单位事情会变得不如你所愿。

性格适合很重要

在企业里工作，性格适合并不是最重要的因素。企业要的是能帮企业解决问题，带来价值的人。性格适合，能给企业带来价值，升职加薪当然没问题；性格不适合，只要做得好，也能给企业带来价值，同样可以升职加薪。

但是做公务员就不能这样想。因为公务员的工作方式和工作环境决定了大多数公务员的待遇只能排在所在城市的中等位置，并且没有快速升职加薪的捷径。因此，如果工作内容自己都承受不了，情绪就会不好，变得非常压抑。时间一长心理也会出问题。

所以，性格的匹配在公务员工作中，就显得十分重要。有两种性格的人适合做公务员：

一是细节控：做任何事都关注细节，能把各种细节考虑得极为周到。我曾经给一个毕业生做咨询，印象特别深，他就是一个典型的细节控。咨询准备材料时，他列了20个问题发给我，每个问题都写得特别具体。咨询前的半小时，他每隔10分钟就用微信和我确认一次，提前5分钟到咨询室。自己把所有材料都打印出来，装订成册，还带了笔记本电脑。咨询过程中，他一边听一边写记录。这样的同学就特别适合做公务员，因为公务员的大量工作都涉及很多方面，普通群众、同事、上级领导，种种千头万绪的细节，这对细节控而言，就不是难题。

二是操心命：特别爱操心，做什么事都会先想着别人，最后才想到自己。我也经常会遇到这样的客户，对我这个咨询师满眼都是关切，咨询过程中，我的茶才喝了一半，他就悄无声息地给我续上，会让人觉得他特别亲切，这类人也适合做公务员。因为公务员的本职工作就是"为人民服务"，公务员有大量窗口岗位（社保、就业、税务、扶贫），这些都是服务岗，爱操心的人才能坐得住，并坚持下来。

当然，如果一个人兼顾"细节控"和"操心命"，那公务员岗位简直就是为他而设的。

反之，如果一个人特别有想象力和创新精神，敢于冒险，结果导向，从事公务员这类比较单调且需要关注细节的工作会非常难受，坚持不了很长时间。这类人最好的去处是企业或者创业。

所以，如果你有去当公务员的想法，要先思考自己的性格和行为方式，是否适合当公务员。如果不知道自己更适合什么工作方式，不妨反着想，哪种工作方式、工作环境，自己很讨厌，肯定做不久。如果这种你讨厌的工作方式有这些特点：细致、整理、服务、操心、单调重复，那你就别考虑公务员了。

公务员晋升的三条路径

很多考公者设想的职业道路是这样的，先考市直的公务员，等入职后再想办法通过调动和晋升进入省直单位，或者一步步升职到副科、正科。这是一个美好的想法，但现实会给予你残酷的打击。

公务员这个组织看似覆盖整个国家，按照极端逻辑说，上升无止境，一个人存在上升到国家级的可能。但真实的组织环境是，市直、省直、部委是一个个独立的生态系统。在市直生态系统里摸爬滚打的小鱼们，其升职空间一般仅限于本级行政系统；省直提拔干部，会先考虑本系统内的后备干部，很少会从市级提拔，更别提县级了。

所有公考同学也都清楚，公务员的提拔有一个前提条件是年限。年限不够，很难破格晋升。所以你会看到，全国几百万公务员，按部就班晋升到退休的,最后都是"副科级"。

假如一个公务员晋升得比较快,排除靠非正常因素的提拔之外,正常提拔有三个渠道:

1. 被直属领导信任,得到提拔机会

这是最普遍的提拔渠道。一般来说,能得到直属领导信任的员工都有自己的一技之长,能解决直属领导的最大难题;同时保持长期忠诚可信;最后,这个直属领导自己还得有被提拔的机会。领导能升职,才能空出位置。

2. 遴选考试

遴选是在公务员体系中的一种可以跨政府层级、跨部门、跨地区的竞争性选拔。这其实是相对来说最公平的机会。如果你通过了中央遴选考试(遴选考试包括笔试、面试、考察三大关),可以直接进入中央部委。这就是公务员内部俗称的"鲤鱼跃龙门"。

既然叫"鲤鱼跃龙门",就意味着遴选考试难上加难。在乡镇、市直的公务员,考了四五年还过不去的比比皆是。

3. 被上级部门借调

我有一个读者是省直公务员,之前只是互加了微信。有一天来北京非要请我吃饭,而且点名要请我吃北京铜锅涮肉。吃饭时我才知道,他写的几篇时政类文章发表到国家核心期刊,被部委的一个领导看到并认可。部委正好成立新部门,迫切需要有能力的人,于是就把他借调来了北京。这是他来北京工作第一周,他请我吃饭是来感谢我写的书对他有启发。

后来我们在微信上又有几次交谈,他说借调到期后被上级部门留下了。还说北京房价太高,居大不易,但能在部委有一个位置,也算是鲤鱼跃龙门了。

如此看来，公务员晋升实属不易，那具备什么能力的公务员才能走上这三条"龙门"之路呢？

抓住三大核心能力

1. 写作能力

公务员的机关文稿写作可以说是第一能力。

平时工作的核心任务之一就是写各种材料。领导的最大难题也是写稿，如果在基层工作，能写各种宣传稿、新闻稿、讲话稿、重要文件，一来能帮领导解决他的最大难题，容易得到信任；二来有机会被上级部门领导看到，得到借调机会。

即便不说工作，在公务员的遴选考试里，案例分析、公文写作、大作文、时政评析都是主要考题，如果你的公文写作能力强，在遴选考试中也会优势大增。

2. 专业能力

公务员岗位可以分为两类：业务岗位和行政岗位。

行政岗位就是大家熟知的机关类岗位，比如：公检法、组织部门、宣传部门、统战部门、社保部门……

业务岗位就涉及专业业务的方方面面了，比如：卫健委、税务局、水利部门、气象部门、检验检疫部门、审计部门、信息化办公室……

这两类岗位的工作任务有显著不同。行政岗位更侧重于民生服务；业务岗位更侧重于专业服务。因此，背后对能力的要求也不同。相比行政岗位，业务岗位就更需要专业知识技能。比如：卫健委需要有医学、预防科学的专业人才；税务局需要统计、财政专业人才；水利部门需要水利水电、水文学及水资源专业人才；气象局需要大气科学类的专业人才……更为重要的是，近几年的公务员招考岗位更多为国家和各省的业务岗位，纯行政岗位的招考人数越来越少。

这就意味着，如果一个人业务能力很强，在这个业务岗位上就有不可替代性，上级领导提起这项业务，第一时间就会想到他，那他就存在被提拔的可能性。

以卫健委为例。可能在过去，卫健委的各级负责人还存在行政岗位，不需要专业知识。但经过这次疫情，相信会有一大批具备预防医学专业知识，有预防医学业务能力的人逐渐承担起更重要的岗位。

3. 表达能力

表达能力，不是见人说人话、见鬼说鬼话的八面玲珑，而是能在会议、汇报等公开场合，有理有据地分析问题，提出清晰解决方案的同时，照顾到在场所有人感受的那种语言能力。

2009年的时候，我曾经参加过某省的一个信息化业务会议。当时来自政府、运营商的几十位专家领导，就某些规章条目，讨论得热火朝天，但就是得不出一个结论。这时一个省通信管理局的干部开始发言，把多位专家的观点都归纳了一遍，有理有据地给出了分析和建议，并且还能照顾到现场多位专家的情绪，在场参会人员没人反对他的建议。在他的组织沟通下，领导们当场就确定了这个项目的方案，会后很多领导都和他交换了名片，希望能进一步交流。这背后就彰显了这个干部的表达能力。

创造意义感

其实很多有时候，一个公务员写作能力、表达能力、专业能力都很强，也未必能快速得到提拔。和企业相比，公务员的提拔，依然需要更多外部条件，而这是可遇而不可求的。因此，一个公务员如何做好自我激励，在纷繁芜杂的事务性工作中持续投入热情也是非常重要的一环。

有一次，我给一个西部省份人力资源与社会保障局的就业部门员工分享职业生涯规划。讲课之余和各个地市的人保局干部聊天，我问了他们一个问题："你们面对的就业人员很多，多数是返乡人员，学历普遍不高，给他们做就业辅导应该不轻松，你们在工作时是怎么激励自己的呢？"

他们有个老师回答："因为能看到返乡人员在接受了业务培训后，再次走上了工作岗位，这让我特别欣慰。我曾经给一个返乡人员做就业辅导，之后他去学了西点烘焙，三个月后他在我们那个城市开了一个特别小的面包店。我经常会去他家买面包，每次买面包时，看到他谢谢我，我就觉得自己做的这个工作很有意义。"

任何一份工作都会带给我们两个感受：价值感和使命感。

价值感，因为这个工作能带给工作者回报，比如钱、名声、稳定等。

使命感，因为这个工作能带给客户收获，比如让别人更好、让环境更好、让产品更好等。

工作，不能只追求价值感，而是需要追求价值感和使命感的平衡。

公务员工作能带给人的价值感很明显：稳定、生活平衡、安全感，但如果仅仅追求这份价值感，公务员的工作会倍感空虚，所以一定要给这份工作增加一份使命感。其实，我们国家早已给每个公务员赋予了一份神圣的使命感，那就是——为人民服务。

做出好选择

总 结

★公务员职业,性格匹配是第一重要的。

★公务员的三个典型提拔渠道:直属领导提携、遴选考试、部门借调。

★做好公务员的三个核心能力:写作能力、专业业务能力、表达能力。

★要保持对公务员工作的热情,需要建立价值感和使命感的平衡。

在中小家族企业该如何发展职业

> "我在一家小家族企业工作,企业规模200人。我不是家族成员,是招聘进来的,管理着4~5个人。我在考虑自己的职业有发展前景吗?要不要跳槽?"

中国大约有一半的企业是家族企业。这个数字初看很惊人,但仔细想想就发现在情理之中。一个人,创业开了一家公司,公司慢慢发展,后期需要扩大规模,对于多数受东方"家文化"思想影响的人来说,显然家里人最可信。于是他开了夫妻店,把在乡下的远亲叫来负责财务。然后他们有了孩子,孩子长大,他们老去,就要考虑把这家公司交给孩子。

所以,如果就业进入的是一家家族企业,这很正常。但是这种情况下问题就来了,作为非家族成员,在这样的家族企业里,似乎存在天然的瓶颈,非家族成员到底该怎么发展呢?

典型的建议也泾渭分明:

选择一:跳槽,选择二:变成家里人。

中小家族企业一般没有职业经理人的容身之地,所以如果想以职业经理人的身份在家族企业长期发展非常困难。网络上关于家族企业的新闻基本都千篇一律:这个家族企业发展遇到了瓶颈,于是请了外部职业经理人，结果职业经理人做了半年就走了，于是再请，再走……直到这个经理人成了他们家的上门女婿。

这个讲法听上去不靠谱，但有它的合理性。其实我们的邻国日本，家族企业更多，而且都存活了几百年，他们的做法就是类似的"女婿改姓"。

但大多数人显然既不能入赘，也不能改姓，那该怎么考虑这类问题呢？

下面我从三个角度来给你分析。

企业文化

企业文化说的是这个企业的价值导向和工作方式，它如同弥漫在这个公司的空气。如果员工不接受也不认同这个公司的企业文化，他一脚进入这家公司就会皱眉，觉得呼吸不畅，可能也待不久。

一千家企业有一千种企业文化，但大致可以分成四类。

第一，军事化文化：这类组织高度结构性，等级分明，规则清晰，开放性低，组织保守封闭，指令往往来自老板一个人。不少传统制造业企业很像这类文化。

第二，经理人文化：这类组织高度结构性，有等级，讲规则，同时组织开放性高，内部的高管和专家都有一定的决策权。这类企业文化在欧美企业比较常见。

第三，合伙人文化：这类组织不太讲规则，重要决策都是讨论制，组织内部也比较开放，只要员工有能力，就能主导项目。合伙人文化的典型组织是咨询公司和电影媒体公司，大家合作完成一个项目或拍一部剧，每个人都能发挥自己的作用。

第四，帮会文化：这类组织也不太讲规则，但企业开放性低，保守封闭，几乎一切决策命令都得听老板的，**而帮会文化的典型组织就是中小家族企业**。

家族企业文化有两大特点：

企业的各种决策、规则、命令都来自老板，渐渐会形成一言堂的局面。同时，家族企业会有典型的"家人"和"外人"之分。

请注意，任何文化都没有好坏之分，它们各有优缺点。比如，老板"一言堂"的文化虽然独断，却有效率优势。企业生存的一个很重要的条件就是"快"，一言堂执行力强，能提升效率。

而企业任用"家人"的价值就在于天然的信任和忠诚。一家人做企业，目的一致，价值一致，更容易取得成功。

因此，外人想顺利在家族企业适应并成长的前提是：了解并接受家族的企业文化。

如果一个人能接受家族企业的文化，当老板的思路和自己的思路不一致，就会转变思想；当自己手下有几个不能干活的"家族成员"时，也知道尊重和包容。

企业的不同阶段

无论拥有什么文化，企业归根结底都是企业。企业生存和发展的宗旨，就是服务好客户，并从客户手中赚到钱。

因此，无论是家人还是外人，能服务好客户，为企业盈利，一般都能得到相应的回报。

但是，企业发展的不同阶段，对"为企业盈利"的重视程度却并不一致。相当多的家族企业会空降外部主管经理，但这些主管经理工作一段时间后总会发现，当他提出某个企业改革项目时，没人支持；他想重整团队，开除某个家族员工时，老板阻挠；半年后，还会因为自己业绩不达标而被迫离职。这就是因为忽略了企业发展的阶段。

一个企业的发展往往是一条条的S形曲线（见图 1-1）。

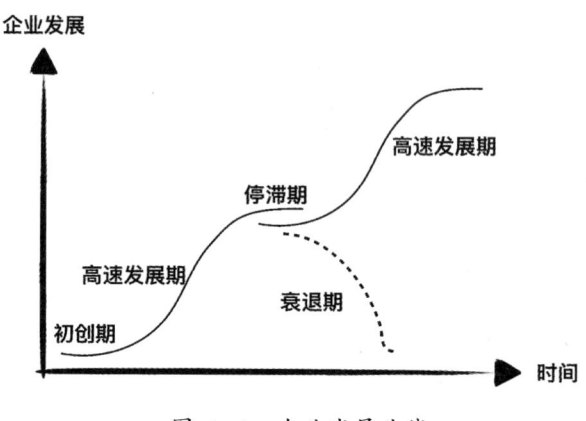

图 1-1　企业发展曲线

1. 初创期

企业初创，人少事多，老板脑子里盘算的一切都是找到好项目，有收入，活下来。老板最想要"能人"。这个人值不值得信任，是不是"家人"并不重要，重要的是能开拓业务。

如果在初创期进入这家公司，公司里还没有很多其他的家族成员，大多数人根本意识不到这是个家族企业。此时，你的职业发展策略就和初创企业一样，做事为主，从0到1，结果导向，能和企业一起发展就是最好的职业规划。

但是一般来说，很少会有"外人"，特别是"职业经理人"想进入初创期的家族企业，因为风险太大。

2. 高速发展期

当企业抓住某个产品或业务，能有稳固的现金流，开始出现每年增加50%以上的业绩时，就意味着进入了高速发展期。

此时，企业业务规模、市场规模和人员规模会迅速扩张。老板内心最想要的是接到好项目并盈利。专业人才能快速把公司规模做大，实现业绩增长，懂行的专业人才成为主力。当然，这个阶段，老板也自然会把"家人"纳入自己公司的某些关键部门。公司人变多了，出于安心的目的，老板就得在关键位置上放置"自己人"。

多数专业人士和职业经理人会在这个阶段进入公司。此时，公司和所有员工的关系都是最直接的"交换"关系。员工出结果，老板给待遇。企业内部的人际斗争、家族关系并不明显。因此，往往这个阶段的员工，都会感觉自己成长很快，一两年内都会快速升职加薪。这个时候的职业发展策略就是做事有目标、有结果、有业绩，追求升职加薪就好。

3. 停滞期

没有一个企业能持续高速发展，因为竞争对手、业务瓶颈、市场饱和等多个因素，企业都会在高速发展到某一个阶段后进入停滞期。此时，老板的内心又会发生变化。

我们总说创业者要有格局，但是现实是，想"做大做强，再创辉煌"的老板并不多。反而多数家族老板把公司做到某个规模之后，就会认为目的已达成，公司战略也从"开拓"变成"守成"。此时公司如能再发展，只能靠外部力量的推动，比如外部融资；或者由内部催生出变革，比如老板的内心变化。否则，多数企业处在"维持"状态。有固定的客户，稳定的业务，不变的利润，家族成员们也开始变现，平稳的好生活就这么降临了。

了解历史的人会知道，打天下时皇帝需要勇将，守天下时，勇将反而是威胁，皇帝更需要忠臣。此时，老板不害怕外部竞争，反而最害怕内部出现竞争对手。如果一个能干又有实力的员工跳槽去竞争对手公司，或者单独做业务，威胁比外部对手还严重。因此，此时老板想要的人就未必是"能人"或"人才"了，他要忠诚于自己的人，甚至他要的是"能力一般，同时忠诚自己"的人。

此时，如果一个"外人"，在停滞阶段的家族企业工作，开疆扩土，做出业绩就不是职业规划第一要务了。站对立场、建立信任，让大老板放心才是重点。

4. 衰退期

停滞期过后，家族企业会分成两类。一类是破茧成蝶，受到外部和内部力量的推动，市场引擎又一次启动，进入到了新的高速发展期。

但也有一类家族企业会不幸进入衰退期。在遭遇一系列事件之后，市场持续萎缩，竞争对手大幅扩张。此时，家族企业的老板有点着急了，他希望能恢复市场，重启业绩。

我们一般会以为，衰退期等于新的"初创期"，活下来才重要，这是一个完美的误解。经历过发展和停滞的家族企业，跟初创期相比，架构、士气和情感都发生了变化。当不少家族成员在公司里担任要职，老板在此时反而更信任家人，任何一个负面事件，都可能成为内部猜忌的导火索。

所以，在这个阶段，要么留下，站对立场，保持忠诚；要么默默离开，再开"新服"。

但是，此时最忌讳的是在公司内抱怨，传播负面情绪。也许这个人抱怨的内容都是事实，但是在老板耳朵里，就会产生各种不太合适的联想。

避免多个老板

最后再说一个在家族企业工作的建议。

家族企业的特点是老大说了算。但随着家族成员的加入，会出现多个老大的现象。典型如：家族二代和一代的战略方向有分歧，甚至矛盾。

能发展好的家族企业都会尽可能避免这种情况发生。一种选择是分家，分成两家财务人事都独立的企业；另一种选择是快速统一思想，听一个人的决策。如果既不分家，也不统一的企业，不要说"外人"，"家人"也会面临"站队"的选择。如果站错队,自己在这家公司的发展也到头了。

所以,一个"外人"最好的策略是:避免在这样的环境中工作。

如果你正在这样的家族企业工作,在工作时提前发现迹象,及早做出选择;如果尚未进入这家企业工作,提前观察一下,避免让自己成为牺牲品。

> **总　结**
>
> ★一定要了解和接受家族企业的企业文化。
> ★家族企业的不同阶段,职业发展的策略不同:发展期以做事为主,停滞期以做人为主。
> ★避免多个老板的家族企业。

进修学历对职场提升有帮助吗

> "这几年我身边很多同事和朋友都选择去进修学历,我也有点动心,但是我还是有些纠结,因为毕竟有家庭,有孩子,真要去读书还是要有很多付出的。所以我想知道,进修学历到底对职场提升有多大帮助?"

进修学历是现在比较火的一个话题,尤其你上个抖音,刷个微博,感觉网上的人几乎人人硕士学历起,不是985就是211,于是进修学历就成了很多人下意识的选择。一般人会认为,高学历就是敲门砖,多读书总不会吃亏。事实真的是这样吗?

关于进修学历与职场提升的关系,我们可以从三个方面来分析。

区 分

有一次,我去大学做职业规划的讲座,被一位同学提问:

"老师,我今年大三,很纠结要不要考研?"

我调侃地问:"你是考上研究生就死吗?"

学生很懵地说:"不啊,我肯定要毕业啊。"

我接着问:"那就是研究生毕业那天死?"

学生彻底崩溃了:"为什么就得死呢?我肯定得活着啊。"

"好,那你怎么活?"

"去找个工作。"

"什么工作?"

"没想过,不知道。"

是否考研这件事,判断依据是未来的工作是否需要研究生学历。所以至少应该先想明白未来要去做什么,现在的学历是为未来的工作做准备。

但现在很多人并没有仔细考虑过未来的职业规划,考研反而成了逃避就业的手段。

这种问题不仅仅在大学生身上发生,很多职场人也一样:在没有目标的情况下盲目跟风,付出了巨大的代价,结果往往还得不到自己想要的。

我分享一个我在咨询中遇到的真实案例,一位咨询者一上来就开启了抱怨模式:"我工作十几年了,三年前因为丈夫调到上海工作,所以我们全家从一个南方城市来到上海。我36岁了,大家都说现在学历很重要,我觉得到我这个年纪了也确实需要提升自己,于是考了MBA(工商管理硕士)。

这个年纪拖家带口的,一边忙工作,一边又要带孩子,过程中的困难和心酸就不多说了,可是付出了这么多之后,现在终于熬到MBA即将毕业,却发觉工作很难找,投了简历很少回复。网上很多工作我认为我都能做好,我甚至可以从初级做起,可是为什么没人找我面试呢?

丈夫的工作现在也不稳定,眼看孩子那么小,就要全家面临失业。我越来越迷茫,难道当初自己的决定是错的吗?"

在这个案例里,最明显的问题就是在没有清晰的目标岗位的前提下盲目准备。

准备,一定是先准再备。但在现实生活中,其实有很多人在面对问题的时候,下意识给自己一个目标,用来逃避当前的困境,结果往往使自己陷入更大的困境中。

读MBA是个手段，而不是目的。理论上我们应该先确定一个自己感兴趣的岗位，经过调查之后发现MBA学历是个门槛，于是投入大量的时间和金钱读完MBA顺利进入新岗位。反过来就是案例中的悲剧，没想过未来要去做什么岗位，只是大家都说应该提升学历，于是随波逐流，结果付出巨大的代价还是卡在最后的就业上。

有意思的是，人往往在做了这个决定之后一定会找各种理由来为自己的行为辩护。

有一次我在一个培训课上说了这个MBA学员的案例，有一个学员当场反驳我说："老师，难道人不应该有更高的追求吗？你看那些商业上的成功人士，不都是去进修了吗？比如王石、刘强东，都去提升学历了。学习不应该这么功利，应该有自己的追求。"

她话音刚落，立刻又有两名学员现场声援她，同时表达了对我这种将学习功利化想法的鄙视。

我突然间就有一个想法，问了他们一个问题"你们考过MBA吗？"结果他们三个人当中，一个已经MBA毕业，一个正在考，一个正在读。

看来，我刚刚是无意间讲到了人家的痛处。想必他们也是费了很大劲考MBA，结果人生并没有很大改变吧。

于是我赶紧说："你们说得也对，人是要有梦想和追求的，比如去完成一个读书的梦想，没有什么期待，就是想读个MBA学历，这个完全可以，应该支持。"

我说完之后，那个读完MBA的学员又嘟囔了一句："就是，高学历总是没坏处的，说不定以后就用上了呢。"

为了课程正常进行，我们没有继续讨论这个话题。但是"高学历总没坏处"这个想法确确实实误导了很多人。

在学历进修这件事上是有两种思路的：

思路一就是我上文说的，进修只是手段，最终目的是通过提升学历获得自己想要的岗位。如果是这个思路那肯定得先有确定的岗位，然后再准备读书。

思路二，读书就是自己未完成的一件事，读书本身就是目的和想要实现的梦想，这也没问题。但不应该将各种情况混为一谈，尤其是自己稀里糊涂什么都没想清楚的情况下就去进修，拖家带口地去完成自己读书的梦想。家庭条件允许的话没问题，要是本来就不富裕还要投入这么多时间和金钱，性价比实在是有些低。

聚　焦

学历进修在职场中一般有三个典型的价值：专业认证、结交人脉和能力提升。

2012年的时候我正式进入生涯规划这个领域做咨询和培训。但是当时面临一个问题，就是我的职业背景很一般，没有什么世界500强、大企业副总裁之类特别唬人的名头。面对前来咨询或者培训的客户，我怎么才能让对方相信我的专业度呢？

很自然地，我想到了去进修学历。我的目的很直接，增加专业度的认证，职业背景一般就靠学历来补。既然是专业度认证，知名度越高的学校就越好，于是我选择去读北大的心理学专业的在职硕士研究生。

当年的在职研究生对工作忙的人来说非常友好，周末上课，先上课修学分，课程全部结束之前参加国家统一考试，通过了就能获得学位，俗称"先上车再买票"。加上北大名气也大，开学的时候我发现我们班居然有200多号人，很多都是拖家带口读书的。

在这个班里我发现有四种人。

第一种人就是想要一个认证，所以上课考试从不缺席，但是下课就走，不参加班级的任何聚会和活动。

第二种人是冲着人脉来的，每次上课都到，考试却不一定。但是班级活动非常热心，恨不能把班级里每个同学的底都摸一遍。其中有一位大姐让我印象极其深刻，每次见到她不是在和同学谈心，就是在和同学谈心的路上。有一次她来找我谈心，详聊之下才知道，她是猎头。

第三种人是来提升能力的，上课必坐第一排，下课必追着老师提问。当时我们班里就有这样一位，专业考试近乎满分通过，震惊全系。硕士高分毕业后，接着去读了博士，听说现在成功进入科研圈，专心做研究。

第四种人最多，上课看心情，考试凭缘分。班级活动也参加，但基本都是背景墙。他们其实自己都没想清楚到底为什么来进修学历。

在职研究生读了两年，开学时候200多人的班级，最后拿到学位证顺利毕业的只有不到30人。

学历进修的三类价值中，专业认证其实是能力外显化的一种形式，简单说就是能够证明你受过专业的训练，具备专业能力。有了这个认证能够增加雇主或者客户对你的认可度。比如你的职业是科研人员、培训师、咨询师，或者公务员，这些情况去进修学历的性价比就很高。

结交人脉并不是简单的认识人，而是你认识的人能够在职业发展上真正帮你解决问题。比如，你是猎头，或者在管理咨询公司，你能够从同学中直接找到客户，快速整合资源。

能力提升则真的是去学知识的。学校的课程从专业知识上看，是普遍落后于社会实践的，但优点是非常系统化，你可以通过课程的系统化学习将工作中很多零碎的知识点融会贯通，对专业的理解能上一个大台阶。

但要特别注意一点，虽然在职进修学历有这三个好处，但一定要主次分明，毕竟你的精力有限，需要聚焦核心价值，千万不要贪多。

取 舍

想要进修的人有疑虑，很多正在进修的人，也会有困惑和纠结。

人们做很多事都是没有理由的，有时候仅仅是因为三个字，就可以疯狂投入。这三个字叫：不甘心。这三个字像一个魔咒，拖垮了很多人。

曾经有一个学员在课上问我一个问题："我考研考了两年都没考上，是应该放弃，还是继续考？我很纠结，因为有的朋友和我说应该坚持，人不应该一遇到困难就放弃。但是有的朋友说我应该及时止损，没必要为了坚持而坚持，说我这是执念，老师，你说我该怎么办？"

从职业规划的角度看，他们说的都对，可以说他有个宝贵的品质叫"坚持"，也可以说他这是种病叫"执念"。执念和坚持之间到底有什么区别呢？我是这样理解的：

执念，是放不下自己之前的投入，感觉已经投入了这么多了，所以不甘心，还想再搏一把，心里想的是：也许再坚持一下就有转机了呢？但是"坚持一下"之后，真正能获得的好处，他自己也说不清，甚至是完全不确定的。这种感觉其实更像是一个输红了眼的赌徒，总想着下一把会翻盘，结果越输越多，越输越想赢。

坚持，则是你可以清楚地知道你所坚持的事能给未来带来的好处，而且这个好处是实实在在可以看到的。

所以这两者之间最大的区别在于关注点不同：执念关注的都是自己过去的投入，心心念念放不下的是自己的损失，却全然不顾未来是不是有真实的可见的回报；而坚持关注的是自己的未来，自己所坚持的不是坚持这件事本身，而是对坚持这件事最终所能达成的结果，这个结果是自己能看到、能实现的。

人生最大的遗憾莫过于，轻易地放弃了不该放弃的，固执地坚持了不该坚持的。所以，果断抛弃那些没有目标的盲目努力，坚持那些有具体产出的持续行动吧。

总 结

★进修学历一定要有明确的目标,谋定而后动。

★进修学历有专业认证、结交人脉、提升能力三项价值,但切记要聚焦,不能贪多。

★正在进修的人,要放弃没有目标的盲目努力,坚持有具体产出的持续行动。

专家和管理,哪个更有利于职业发展

> "好多企业都是两条职业发展路线:管理线M线和专家线P线。我面临一个选择,要走专家线还是管理线。不少人和我说,职业发展一定要做管理,自古如此,学而优则仕,业而优则管。是这样吗?"

在传统组织里,典型的职业发展就是职业晋升,典型的职业晋升通道就是一步一步走向更高的管理岗。

比如"专员—主管—经理—总监—副总"的晋升路线,就是如此。

但在最近几年,"官大一级压死人"的现象开始减少,业务专家的地位在很多企业里有了明显的提升。这是因为组织结构发生了变化,金字塔式的结构变得越来越自组织化。

传统的组织是特别陡峭的金字塔结构,越到金字塔尖,人数越少,权力也越大。所以职业晋升就是一步步爬到金字塔尖的过程。

而现在是VUCA时代[1],组织结构更加扁平化和自组织化。扁平化,意味着过去十几个层级的金字塔,压缩成了四五个层级。自组织化,意味着

---

1 Volatility:易变性;Uncertainty:不确定性;Complexity:复杂性;Ambiguity:模糊性。

过去需要靠某个级别管理者才能启动的一个项目、一个市场、一个产品，现在两三个人自己组织一下就可以完成。

比如，淘宝最大的成衣品牌韩都衣舍，他们把组织打散成300多个小组，每个小组由设计师、页面制作专员和货品管理专员三个人组合，小组单独出成衣，三个人就可以上架一套衣服，每个人都是自己业务的专家。

这种自组织和扁平化的发展，使得管理岗的权力和地位明显下降，而专家则变得更有价值，地位和待遇也更高。

实际上，大多数创业公司的早期，都是三个专家组合而成的。一个老师，一个营销专家，再加一个运营专家，就可以开一个学校。

那么，我们回到问题本身，一个即将进入组织的人，走管理线还是专家线更有前途呢？

专家和管理的分界线

我先列出这样几种组织，大家先分析一下，在这样的组织里，是专家更有价值，还是管理更有价值？

a. 管理咨询公司
b. 互联网金融公司
c. 心理咨询工作室
d. 铁路运营公司
e. 飞机制造公司
f. 快餐连锁店
g. 德云社

仅仅从公司的属性就能看出，并非所有组织都是管理至上。
管理咨询公司就应该由专家们组成；心理咨询工作室也肯定是专家更

有前途；别看德云社的相声演员们学历从初中到硕士都有，但是他们在说相声方面都是专业的手艺人。

而相对的，铁路运营公司、快餐连锁店一定是管理岗更有发展前景；互联网金融公司和飞机制造公司则一定是两条腿走路，管理、专家都能发展。

a. 管理咨询公司（专家）
b. 互联网金融公司（双向）
c. 心理咨询工作室（专家）
d. 铁路运营公司（管理）
e. 飞机制造公司（双向）
f. 快餐连锁店（管理）
g. 德云社（专家）

为什么会出现这样的差异呢？这里有一个分界线：给客户交付的成果是否能够标准化？

管理咨询、心理咨询、相声这类组织交付成果都极为个性化，交付中会出现各种偶发事件。非标产品的成功交付，主要靠经验的长期积累，这种行业、公司，一定是专家至上。

而相反，快餐连锁店、铁路运营公司给客户交付的整个产品和服务，都可以用一长列标准化的流程和产品固化。这类组织能发展，更需要的是各个环节的标准化衔接和把一套标准规模化复制，这需要靠管理来实现。所以管理起了重要的作用。

飞机制造和互联网金融，确实是需要标准化、规模化，但其知识密度高，交付成果更复杂，会出现大量偶发事件。所以就变成了专家和管理两手抓，两手都要硬。

所以，专家和管理哪个角色更重要，更有发展前景，取决于你所在的组织给客户的交付成果是否标准化。如果特别标准成熟,那管理一定比专家更有前途;如果特别个性化,那专家一定更有发展;如果二者都重要,那就一定是专家线和管理线,都有发展途径。

专家发展的三个要点

如果你选择走专家路线,我要给你三点建议。做到这三点,专家这条路就算走通了。

1. 选择一个长雪道

巴菲特的《滚雪球》里说投资就像滚雪球,第一步找到很湿的雪,第二步找到足够长的雪道。

找到足够长的雪道是专家选择行业的重要标准。

我曾经咨询过一个程序员,他过去几年一直使用的是非常小众的Perl语言,该语言的使用率越来越低。他是Perl的专家,但那个雪道太短,滚着滚着雪就没了。后来他只好换Java作为主要语言。

显像管电视专家现在基本没什么业务,因为这个技术被淘汰了;煤炭能源专家也没什么发展,因为煤炭能源被限制了;电话销售流行时,不少金牌销售转型讲师,现在这个雪道的雪也快消失了,电话销售都变成了人工智能。

长期存活的领域往往来自最基本的衣食住行、教育医疗,因为这些领域雪道够长,那些两百年以前的大工匠,现在依然是大工匠。

2. 提升经验

衡量专家的标准不是技能,而是经验。经验和技能是有本质区别的。

技能是对通用现象的熟练评估、应对和操作;经验则是对小概率现象的评估、应对和操作。

一个技术高超的医生，割阑尾很熟练；但一个经验丰富的医生，能最快判断肚子疼是阑尾炎，还是肠套叠，还是肿瘤，还是疝气，并采取不同的应对方法。

如果想在专家这条路上走下去，尽可能让自己接触行业内的小概率事件，并学会解决这类问题。

3. 提升职业能见度

有一句话叫作"你专业不专业不重要，客户和老板认为你专业才重要"。自我营销在现在这个注意力稀缺的社会越来越重要。专家需要给自己增加各种带有公信力的背书来提升"职业能见度"——学历高、有认证、有出版物、常在媒体曝光。这样，才能让更多人认为你是一个专家。

管理发展的三个要点

如果你选择走管理路线，我同样给你三个建议：

1. 整合资源

过去，管理叫"管人理事"。管，是要求；理，是整理。

管理就是，把事（工作任务）分解整理清楚，然后要求每个人按规则操作。

但随着知识型组织的大规模普及，管理的理念也发生了变化，从"管人理事"，变成了"管事理人"。

管事，就是按照事的方法和规律做事；理人，就是整合和激励人力资源。

管理变成了整合和激励人力资源，按照事情的方法和规律正确地做事。

根本的区别在于：过去的管理更倾向于控制和整理，控制人，整理事；而未来的管理更倾向于整合和迭代，整合人，迭代事。

因此，管理者的一个重要能力就是整合内外部资源的能力。识人用人，发挥团队不同成员的优势，并会激励内部团队和外部客户，整合上下级、上下游的资源，就是管理者的头等大事。

2. 擅长人际沟通

不善于人际沟通的业务专家可能是个好专家，他靠作品就能证明自己的专业度；但不善于人际沟通的管理者一定不是个好管理者。

无论是"管人理事"还是"管事理人"，最终目的都是通过别人拿到结果。而要"通过别人"，就必须懂得人际沟通。

人际沟通技能是一个技能树，不是简单的"会说话"。你需要把事情表达清晰，传达到位；需要聆听了解他人需求和感受，并恰当地反馈；需要说服下属、领导和客户；需要能在谈判桌上，交换筹码，讨价还价；还需要会演讲激励团队……这一切都可以归纳到"人际沟通"这个能力树中。

3. 敢于担当

历史上有很多实际技能不强，却能成为领袖的人。商业中也有很多技术能力、业务能力一般的人，成了老板。很可能是因为他们具备了管理者最重要的素质：敢于担当。说的直白点就是，敢在没充足把握的情况下冒险。

因为管理者是通过别人拿到业绩，也就意味着要背别人的指标，保护自己的团队，承担下属失败的后果。这一切，都需要有颗能冒险的心。

如果老板交代一个任务，但这个任务并不在下属的职级职责之内，而是有那么一点越界；那么那个敢于主动承担这个任务的人，往往会成为管理者。

把专家和管理整合起来

VUCA时代的组织需求更加多变,这要求组织对人的分工更灵活,更要求一个人的可塑性高。假如一个人给自己贴了个"专家"标签,而职业需要他去成为管理者,或者他自己需要成为管理者时,他就会自我设限,反而会阻碍了他的职业发展。

所以,不妨试试把专家和管理整合起来,做一个管理专家团队的管理者,或者做一个领导力专家。

2009年,我在一家500强通信企业工作,每年都有晋升评级,先自我申请,然后再组织竞聘。我那时觉得自己更适合走专家路线,于是那年在职级通道上填了"一级专家";之后我老板把我叫到他办公室,问我为什么申请专家。我说,我觉得自己更喜欢在一个领域深入,所以更适合专家。他和我说:"你知道有一些研发管理者,他管的团队都是专家,这就需要一个专业很强的人来做管理,你不觉得你更适合这个岗位吗?"

我听完心领神会,申请了管理岗位。之后成了一个研发试验室的负责人。我的老板最后说的那句话就点出了"专家+管理"整合之道。

做出好选择

总　结

★给客户的可交付成果是否标准化是衡量做专家还是管理的分界线。

★专家发展三个要点：选择长雪道、提升经验、提升职业能见度。

★管理发展三个要点：整合资源、擅长人际沟通、敢于担当。

★试试把专家和管理整合起来。

通才和专才,哪个更值钱

> "职场中通才更有价值还是专才更有价值?一方面我觉得工作肯定是越专业越好,但是另一方面上司跟我说应该具备多面手的能力。我非常困惑,到底是应该专心发展自己的专业能力,还是成为岗位通才?"

能力提升一直都是职场中的热门话题,普遍的认知是,工作能力当然是越专业越好,俗话说"样样通,样样松"。但是在真实的职场中,你会发现你的老板或上司并不是这样想的。虽然你可能是以某个专业岗位的身份入职的,一旦开始工作,上司恨不能你什么都能做,什么都能做好。

我就曾听过一位创业公司的老板激励下属,言之凿凿地说:"不懂财务的人力不是好行政。"

万一不幸遇到一个挑剔的上司,很容易得到一个"你哪哪都不行,啥也不是"的评价。时间久了你可能都会怀疑自己是不是真的一无是处。

职业能力的提升,努力很重要,但更重要的是要清楚自己努力的方向,有自己客观的判断标准,不能被他人带偏了。

在能力提升这个问题上,我有以下三点要强调。

小心能力成长的误区

谈能力提升，不可避免地得谈木桶理论，木桶理论也很简单：一只木桶能盛多少水，并不取决于最长的那块木板，而是取决于最短的那块木板。

很长一段时间，木桶理论在个人成长领域非常流行，于是乎很多人都热衷于寻找自己的能力短板，看各种书，上各种课，努力把自己变成一个"满水桶"。

结果往往是努力半天才发现，自己的短板不是一般的多，越补越觉得自己和别人能力差距很大。

这是因为，把木桶理论放在个人能力提升领域是完全错误的。

木桶理论最早是由美国管理学家彼得提出的，他当年提出这个理论的时候，是为了解决公司的管理问题。原话是：一只木桶能盛多少水，并不取决于最长的那块木板，而是取决于最短的那块木板；任何一个组织，可能面临的一个共同问题，即构成组织的各个部分往往是优劣不齐的，而劣势部分往往决定整个组织的水平。

原话其实说得很清楚，这是用来解释组织配合问题的。但是不知道怎么搞的，传播的时候大家就默默忽略了后半句，只告诉你一只木桶能盛多少水，并不取决于最长的那块木板，而是取决于最短的那块木板。听着也很有道理的样子，但真照着做你就掉坑里了。

如果你按照木桶理论的指导去提升自己的能力短板，最可能的结果是你不会成为一个"满水桶"，而是会变成一个"满水盆"。因为每天只有24个小时，除去工作和休息的时间，能用在能力提升上的时间非常有限。短板是永远也补不完的，无论你能力有多强，总会有自己不满意的能力。补短板很容易让自己处在"能力永远很差"的状态里。时间久了，自然就是个"满水盆"。

提升能力的正确姿势

不知道你是否注意过前几年国内山寨手机的现象。

中国的山寨手机最大的特点就是功能强大，价格便宜。四卡四待、超长待机180天、太阳能充电等各种黑科技层出不穷。更夸张的是，在智能手机普遍几千元的大环境下，山寨手机这么多功能通常也只卖998元。

山寨手机的宗旨就是：花最便宜的钱，所有的功能我都要。但问题是手机的大小无法改变，所有功能都要有，则所有功能都很差。

苹果的iPhone系列完全是山寨手机的反面，只能装一张卡，待机时间最多一天，不能换电池，拍照效果一般，不耐摔，价格昂贵。

在产品设计领域有一个铁律，叫"一专多能零缺陷"。"一专"是指产品本身有一项特别突出的功能，"多能"是指兼顾多项基础功能，"零缺"陷是指产品没有无法忍受的致命缺陷。

苹果的iPhone系列就是对一专多能零缺陷的彻底实践。

一专：系统流畅度和工业设计做到最好；

多能：续航，拍照，易碎达标；

零缺陷：没有致命缺陷。

这个规律在个人能力成长上也是通用的，一项专长能力，多项辅助能力，没有致命的能力缺陷。

要补上自己的能力缺陷，但是同时要允许自己有能力缺点。什么时候需要专门去补足某一种能力呢？只有一种情况，就是这个能力已经成了你的缺陷，严重影响到了工作。除此之外都不需要专门去补充某个能力。比如，你觉得自己沟通能力不好，如果不是已经影响到了人际关系，就没有必要专门去训练沟通能力。用补能力的时间和精力去强化自己的强项，更容易维持自己的竞争优势。

需要注意的是，能力的一专多能零缺陷并不是一蹴而就的，而是需要时间去逐步实现。

如果你大学刚毕业进入公司，这个时候最重要的任务是先补上自己的零缺陷，快速适应职场。

这个时候的你，遇到的最大挑战可能是怎么做上司都不满意。尤其遇到一个挑剔的上司肯定会非常痛苦，今天说你执行力不行，明天又觉得你沟通能力也欠缺，这个月盯着你改文件里的错别字，觉得你不细心，下个月又嫌你汇报工作没重点。

我给你的建议是，接受并尽快改掉这些问题。因为这每一项能力短板都有可能给你的工作造成大麻烦。

等你过了职场适应阶段，做事情终于能入上司的眼了，就要开始打造自己的"多能"，不要着急专注"一专"。因为这个时候，你的职场经历太少，过手的工作任务也不够丰富，很难确定自己的"一专"。

所以，在这个阶段里，最好的策略是别挑活，除了上司交代的工作任务外，可以主动承担一些岗位职责外的任务。在完成任务的过程中不断地观察自己的能力优势：哪些任务自己专注、努力可能也只能做得一般；哪些任务能最大限度地发挥自己的能力优势。这个过程就是不断地去寻找并强化自己"一专"的过程。

最后，你会在反复的工作实践中，确定自己的"一专"，然后成为一个一专多能零缺陷的职场精英。

成为自信的人

中国人总说谦虚是美德，但很多时候我们在自我评估上很容易谦虚过头。

在咨询中有时候我会让来询者做一个自我评价，比如说说自己的优点或者分析一下自己的能力优势。很多来询者都会觉得很为难，思来想去都写不出几条。但是如果我让他们说说自己的缺点或者讲讲自己需要提高的地方，他们几乎毫不犹豫的，很快就能写满一页纸。

很多时候来询者也很无奈，因为我们的文化鼓励自省，这就给我们一种错觉：我还不够好，我还有很多地方需要提升。

但如果换个角度看，我们看到的东西可能完全不一样。

我家附近的商场里有一个很大的儿童乐园，里面有小火车、小海盗船、海洋球等各种游乐设施，当然价格也不便宜。有一次我和太太带4岁的女儿去里面玩，我的心思比较功利，花这么多钱，应该把所有的设施都玩一遍。结果女儿进去后，转了一圈直奔一个简陋的转盘而去，然后在上面一坐半个小时都不挪窝。

我开始有些焦虑，和太太说，女儿需要好好教育，她一点探索精神都没有，这么大的游乐园，怎么都不好奇去玩玩别的，一个破转盘玩这么久。我太太看了我一眼，意味深长地说："她要是到处去玩，你也会抱怨的，你会说，你看，这孩子怎么没有一点专注力，玩什么都是三分钟热度。"

太太摸了摸女儿的头说，她挺好的，很有专注力，我们别去打扰她。

你看，在一个满眼是缺点的人眼里，你做什么都是有问题的，你做什么他都不会满意。因为他总是盯着你的缺点看，因为他总是觉得你还不够好。

这样的挑剔者可能是家里的父母，可能是学校的老师，也可能是单位的上司。如果你没有自己的判断，不断地在他们的评价里努力，最终你一定会在他们失望的眼神里筋疲力尽。

我们的优势很多时候就藏在我们的缺点里。

你说自己做事鲁莽欠考虑，但却没有看到自己强大的执行力。

你说自己做事优柔寡断很纠结，但却忽略了自己思考问题心思缜密，考虑周全。

你说自己不会拒绝，是个老好人，但却没看到自己细腻的同理心和极强的共情能力。

当然，我并不是说，你不需要改变。而是这些你认为的缺点在没有成为缺陷之前，都没有必要费心费力地改变。

无论是鲁莽、优柔寡断，还是不会拒绝，只要没有让自己的工作生活陷入麻烦，那就说明并不需要改变。相反，你应该多去强化自己的执行力、考虑周全的能力和共情能力，让自己的优势更加明显。

> **总　结**
>
> ★小心能力成长的误区：坑死人的木桶理论。
> ★提升能力的正确姿势：一专多能零缺陷。
> ★成为自信的人：多看自己的优势。

理想与面包,究竟哪个更重要

关于方向选择与职业规划

我对未来很迷茫，怎么办

> "我对未来很不确定，对自己也没有一个清晰的定位。有人说要做自己喜欢的工作，我也不知道自己喜欢什么；有人说工作要发挥自己的优势，我也不知道自己有什么优势……我对未来很迷茫，怎么办？"

这几乎是每个人都想要问的终极问题。这个世界的变化越来越快，也越来越无法预知，变化的世界本身就构成了人们"迷茫"的土壤。"迷茫"这个词已经成为当代社会几乎所有人经常挂在嘴边的词汇，它也已经成为每个人都有的亚疾病。

如果迷茫的你，一直在做自我探索，问自己各种问题，你会发现，很难问出一个结果，你会被困在一个死循环里。

比如，问自己到底想要什么？

"我想要的是财务自由，过上富有的生活。"
"那自己怎么才能实现这样的生活呢？"
"不知道呀，努力工作？去创业？去做自媒体？做直播？……"

看到了吗？似乎越这么问越迷茫。

想想你在一个大雾弥漫的树林里迷了路，此时如果你仅仅是自己瞎转悠，如何能出来呢？

我们得试着换个角度思考。

观察迷茫的人，你永远也找不到答案。观察不迷茫的人，你会发现答案就在他们那里。

那些不迷茫的人都是怎么工作生活的呢？

他们每天都精力饱满，能长时间保持工作状态，总有做不完的事。

我认识的不少小公司创业者就是这样，总是保持旺盛的精力，观察各种机会，有点机会就会押上全部身家；又或者，有的人对工作没那么强的干劲，但是他们的生活却相当充实，比如"鸡娃"的母亲，她们会给自己的孩子做出清晰的规划，找各种学习资源，列出清晰的学习清单，和孩子一起学习。你会感觉她们的生活充满了各种事情，她可能会焦虑，但是绝不会迷茫。

这就如同迷路的人群中，有人会找到出口。可这些人是怎么走出来的呢？

当我观察和访谈了不少不迷茫的人之后，我发现，不迷茫的人都具备这三个特征：

一是有方向。 走出迷雾的人，他们都知道"北"在哪里。无论是靠晚上的北极星还是白天的树影阳光，他们总能找到"北"。这就是有方向。同样，那些在人生中不迷茫的人，心里也都会有一个方向，这是他们内心的"北"。他们知道，无论怎样，只要朝着北走，就能走下去。比如，要让人们变得更美。这个"变美"就是一个方向。

仅仅知道自己的方向，人就已经不那么迷茫了。

二是有目标。 目标是方向的阶段性结果。当有了方向之后，不迷茫的人会给自己设定具体的目标：在一年内要达到某个程度。比如，我要在三年内服务1000个客户，让她们变美。这就是把方向更具体化，形成目标。

能知道自己的目标，你就几乎不会迷茫了，并且人生会有更强的动力。

三是有路径。路径就是知道如何到达目标。比如，让人们变美，可以用化妆的方式，也可以用微整形医美的方式。如果能很清楚地知道实现目标的路径，并从中选择一条路径走下去，迷茫自然就消失了。

而反过来观察那些迷茫的人，他们迷茫的原因就在这三个因素里：**缺乏方向、缺乏目标、缺乏路径**。

所以，让自己不迷茫的解法就是：第一步，确定方向；第二步；确定目标；第三步，确定路径。

看到这里，迷茫的你也许冒出了新的问题："那怎么找方向、目标和路径呢？"

其实知道这个问题的答案并不能解决你的迷茫。解决迷茫的第一步不是去找方向、目标和路径，因为我们对这三个要素的期待可能是不合理的。

因此，首先要建立一种合理的思考方式。

方 向

如果你问大多数自称迷茫的人，你工作的目的是什么？你的人生想要什么？他们也许会这么回答：

升职加薪，出任CEO，走上人生巅峰；
财务自由，买大房子，面朝大海、春暖花开。

这是不是一个"方向"？确实也是，但这个方向依然让人迷茫。

想一想，这种"方向"是指向自己的还是指向外部的？显然是指向自己的。全都是"我要得到什么"。如果要用另一个词表达，"回报"会更加贴切。

当我们把"回报"当作方向时，问题就出现了。没有回报是从天而降的，这都需要你通过某些事情来换取。那需要做什么事呢？

无解。

正是这种思维成了卡住你的瓶颈。

当我们只谈"回报"方向而不去谈"付出"的方向时，"回报"这类方向就失去了支撑。

《埃隆·马斯克传》里提到，马斯克一直在思考的是相当科幻的一件事——人类在地球上会不会终结，这种长期的思考导致马斯克的人生有了一个胆大包天的方向：帮助人类离开地球，移民火星。

这个方向并不是给予马斯克本人的"回报"，而是马斯克改变世界的宣言。这是因为，这个方向是马斯克干很多事的第一推动力。

说点不那么胆大包天的话，比如我本人，我做职业生涯规划咨询和培训有十年的时间，这期间并不那么迷茫，因为我的方向是：帮助人们更好地做选择。

这个方向就是我的"北"，这也无关于"回报"，但这个方向却会让人很笃定。

所以，不要把"回报"作为方向，而要把"付出"作为方向。

具体的语言结构就是：

帮助什么人解决什么问题？比如，帮助女人解决变美的问题。

给什么人带来什么价值？比如，给孩子带来知识。

让世界变成什么样？比如，让世界的动物更多样化。

目 标

如果我问你有什么目标，大多数人脑海中都会冒出这个段子吧。

"先定个小目标，比如一个亿。"

现在请你冷静下来再看这个目标，你就会发现，和上面讲到的"方向"一样，这是个"回报型目标"。"回报型目标"是基于"回报型方向"而定的目标，并不能真的解决迷茫。

同理，我们需要制定"付出"型目标。

如果方向是"帮助女人解决变美的问题"，那目标就可以是"三年内服务1万个女生，帮助他们变美"；

如果方向是"帮助人更好地做选择"，那目标可以是"三年内服务一千个客户，帮助他们做好职业选择"。

这样定目标，内心会更踏实。

但相应的很多人就会有这样的疑问，要是这个目标定得不准怎么办？

比如我定一个"三年内服务1万个女生"的目标，这很可能实现不了。万一实现不了，我会很挫败，那时会更迷茫。

关于这点，有两个解决方法：**一是把目标切分，阶段化目标；二是把目标范围缩小。**

马斯克的目标是帮助人类在十年之内移民火星，这个目标非常大。他怎么办？他把这个大目标阶段化切分了。因为他知道，如果实现移民火星，就必须要实现火箭回收技术、太阳能高效发电技术和能源高效应用技术。

于是他干了三件事：创立了SPACE-X公司专门实现火箭回收；创立了特斯拉实现新能源应用；收购了太阳能公司SolarCity专门研究太阳能发电。

这三件事可以一件件做，这就是一种目标拆分，从实现阶段性目标开始。

所以，如果你发现目标很远大，怕自己搞不定，不妨把目标拆分成每一个阶段的目标，这才应该是让你不迷茫的"小目标"。

第二个方法是缩小目标范围。这个方法更容易理解。如果你想帮助1万个女生变美，你发现这个目标太宏大，那就缩小范围，先帮助身边的5个女生变美。等她们改善了自己的颜值，再逐渐扩展目标的人数。

一旦目标缩小，人就看得更清晰，迷茫感就会消失。

路　径

我们对路径的思考会陷入这三个误区中：

最清晰：只有找到最清晰的路径才会行动。
最容易：只有找到最容易的路径才会行动。
永不变：只有找到永远不变的路径才会行动。

但是我们面对的现实是：

一是没有100%清晰的路径，只有概率清晰的路径。

每一条路径面对的环境不同，每一个人的经历和性格也不同。每个人实现目标的路径会根据他个人的经历和所处的外在环境而各不一样。同样是当医生治病救人，在中国的实现路径和在美国的实现路径差别很大；同样是当医生，在中国大城市和小城市差异也很大。

如果你期待穷举所有可能性再迈出下一步，这绝不可能，因为成本不够。

那怎么办？难道不看路径，直接行动吗？

没有百分之百清晰的路径，但是我们可以一定程度提高路径的清晰概率。

国家施行某个政策要先选城市做一段时间的试点；军队行军要先派出少量侦察兵对路径做侦查；公司研发某个产品要做一段时间的前期调研；人们在选择公司时也要提前花点时间了解公司——这其实就是在用可控的成本提升路径的清晰概率。

当知道没有100%清晰的路径时，我们可以花自己可以承受的成本去做调研、探索和试点。

二是所有路径都有挑战和坑，要么门槛高，要么竞争激烈。

所有的工作都分为两种类型，一种是门槛特别高，比如医生，学到博士才能行医，而且行医还得做多年住院医生才能独当一面；而另一种门槛比较低，可能大专学历就可以入行，但这也不容易，这种工作竞争一定很激烈，比如保险代理人，三个月不开单就没什么收入。

这也可以理解。达到目标有两条路：一条路崎岖，充满绝壁荆棘；另一条路平坦，看上去崎岖的路很难，平坦的路很容易。但问题是，当你觉得平坦的路很容易，别人也会觉得平坦的路很容易，于是就会出现什么情况，大多数人都会去选平坦的路。之后，激烈的竞争就来了。

要么是苦练成为高手再出去打，要么就在残酷的打架中成为能打的高手。

世上没有平坦的路径。所以，你的选择无非是要选门槛高的，还是竞争激烈的。

三是所有路径都会变化，外在环境会变化，你自己也在变化。

这个世界一直都在变化，而且在当下这个时代，变化更加剧烈。

全球形势在变化，疫情暴发，影响到了每个人的工作和生计；国家政策在变化，一个新的政策就会产生很多工作，也会让一些工作消失；技术在变化，新技术会让一些工作消失，也会诞生一些新职业；个人也在变化，曾经那个追求自由和激情的少年结婚生子之后变成了现实而负责的大叔。

于是新的担忧产生，既然一切都在变，我还怎么明确路径呢？

当所有路径都在变化时，总有些东西是不变的。

走路的方法几乎是不变的。无论路怎么变，我们都得用两条腿走路，用交通工具出行。

我们的工作路径是变化的，但学习的方法有一定稳定性，技能提升的方法长期不变，做判断决策的方法也不会变化。

抓住不变的方法，就可以应对变化的路径。

总　结

★走出迷茫方法是：确定方向；确定目标；确定路径。

★明确方向的误区是：以回报为方向。我们应该以解决问题，提供有价值的付出为方向。

★明确目标的误区是定一个实现不了的目标，所以应该把大目标阶段化拆分，目标范围缩小化。

★明确路径的误区是：认为一定有一个百分之百清晰的、容易的、不变的路径。所有路径都在变化，要做的就是要抓住不变的方法来应对这种变化。

工作选择该听父母的意见吗

> "我在大城市工作三年后辞职,正在找工作,男朋友依然想在大城市做市场营销的工作,但两个人的生活压力很大。父母天天打电话希望他回家乡的四线城市考个公务员结婚生孩子,我很犹豫。"

都说年轻人有主见,但真实数据却很打脸。麦可思(国内专门的大学生就业数据调查公司)在2018年做过的《大学生就业观研究》表明:面临求职的毕业生中,64%的人在职业选择方面都会听取父母和亲戚的建议。

但是,年轻人又很两难,主要是因为以下两种情况:

1. 自己做决定

接收了各种心灵鸡汤,比如"你不是你父母的续集,不是你孩子的前传,更不是你朋友的外篇。对待生命你不妨大胆一些,因为好歹你要失去它。"又或者是看上去理性的分析:人们的稳定认知建立在30岁,你父母的认知比你早20多年,所以,你听父母的,就意味着你要按20多年以前的社会认知做选择,这可靠吗?

这两类说法似乎都很有道理,但是当听从自己的内心时,还是会出现一个声音:我至少得听听过来人的想法,而父母就是过来人。

2. 父母做决定

听到多数现实一点的人的告诫，父母的建议都很务实，他们无非想要自己的孩子工作安全稳定别出事。而实际上这么多年来，多数人最终的幸福追求也就是安全稳定别出事，所以怎么看父母说的都是有道理的。但真的要按父母的想法走，却又觉得不甘心，害怕将来后悔。

事实上，年轻人的本质顾虑并不是该不该让父母做决定，而是：

在面临工作选择时，除了自己该参考谁的建议？

知道了问题的本质，我们就可以从三个方面进行分析：

对 象

一想到找人给建议，我们无非会想到以下这些人：

a. 父母。是对自己的人生很重要的人，自不必说。

b. 老师。是见识广博的人，而且教了我们很多年，值得请教。

c. 同学朋友。同学朋友一定会聊一聊每个人的未来，自然会有不同的建议出现。

d. 领导。想换个工作，如果和上级关系好，上级也能给一些靠谱建议。

e. 咨询师。一个专业的第三方咨询师能客观地分析自己和职业世界。

但问题是，每个人的建议都值得听吗？该如何分辨他们提供的职业建议呢？

在此，我们不妨换个角度思考。上面罗列出的这些人是基于其身份来划分的，但是身份不等于能力。能给出好建议的人，不在于他的身份是父母还是老师还是同学，而是因为他拥有对工作和职业的专业能力。所以，与其纠结什么身份的人给的建议靠谱，不如去思考，**具备什么能力的人给**

的建议更有价值。

一个合格的建议者需要具备以下三种能力中的至少一种。

1. 有见识

选择一个适合工作的前提是，了解已有的各种工作。如果一个人从事过很多工作，那自然能告诉你不同工作的优点、缺点和感悟体会。又或者他从事过那么多工作，他至少了解很多工作的特点、要求、发展等信息。能了解到不同的工作，才能帮你打开视野。

所以，如果一个人有对于工作、职业，乃至人生的见识，那他所提供的建议，就值得参考。

2. 有方法

选工作不是外卖点菜，你想吃西餐就选牛排，想吃烧烤就选烤串；它需要经过一系列科学理性的方法，才能实现。

这包括：对自我和职业的合理认知，如何扩大选项，如何缩小选项，如何排除选项，以及如何准备简历准备面试等一系列过程。

这期间如果有科学理性的方法，就能帮助一个人更全面地了解工作和自我，面对未知的风险时会更清醒，做出选择时也会更笃定。

所以，如果一个人能帮助你建立一套决策方法、求职方法和职业发展的方法，那他的建议，也值得参考。

3. 有人脉

一个人能入职某公司，依靠的未必是他的个人能力，很多时候内部有个人脉转介就能让入职可能性增加。人脉，就是一种资源。

如果一个人能有这样的资源，那他的建议，也值得参考。

我有一个同校的学弟，大四毕业找工作时，有一门课的老师在讲课之余聊到他几个朋友在某几个公司不错。于是这个学弟有心，经常找那个老师咨询，于是该老师就给他的一个朋友（那朋友是某公司的中层）打了个电话，一个面试机会就到手了。

总结一下，一个人只要有见识、方法、人脉资源，那他的建议就值得听。我们需要评估的，不是他是什么身份的人，而是他是否具备这三种能力。

方　法

我一次去聚餐，其间一个朋友给我们带了自己做的卤牛肉，很香，继而讲了一个故事：她去一家餐馆吃饭，餐馆的卤牛肉特别好吃，但她自己做就觉得差一点，于是她在餐馆买了10斤牛肉，顺便请那个厨师给个建议，那个厨师看在她买了10斤牛肉的面子上，指出了她卤肉的一个问题，之后她自己卤牛肉时味道就改善很多。

我问大家一个问题：如果她问那个厨师我见客户要选择什么衣服，她能得到有价值的建议吗？

你们可能会很果断地说"不会"。

我举这个例子是想说明，当我们要向一个人咨询工作选择，第一步不是单刀直入，而是要先有个大致的评估，评估他的擅长领域，然后问他擅长的部分。这就是最简单的请教方法。

如果你向一个没视野的人请教视野，向一个没方法的人请教方法，那不就等于向一个不懂穿搭的厨师请教穿衣吗？

同理，一辈子生活在五线城市的父母，他们对大城市的那些工作并没有见识，他们和你说在大城市做营销经理不如回家乡考公务员，你听了，不就和找厨师咨询穿搭一样不可靠吗？

但如果我们加个前提条件：一辈子生活在五线城市的父母，在本地有人脉有关系，你想回家生活，咨询他们怎么在家乡找个安稳多金的工作，那他们给的建议就值得听了。因为他们有人脉资源。

所以无论是谁,我们都要先从见识、方法和资源三个角度做个大致的评估,一个最简单的评估方法就是主观打分,比如图 2-1。

	父母	老师	同学	领导	咨询师
见识	5	6	7	7	10
方法	4	6	4	4	10
资源	8	4	4	7	6

图 2-1 给建议对象评估(仅供参考)

做了图表,我们就能直观地看出,不同的对象给出的建议是否该参考。

认 知

最后我要纠正三个认知。

第一,不是"遵守"建议,而是"参考"建议。

再回看开头的问题:工作选择该听父母的吗?

"听"这个字会产生很大的误解。因为我们从小认为的"听"谁的,是"遵守"的意思。

但成年人的工作选择该自己做决定,为什么要遵守别人的意见呢?

"遵守"搭配的宾语是"命令",而工作选择方面,父母给的是"建议","建议"前边合适的动词搭配是"参考"。

所以,成年人做选择,面对别人给出的建议和意见,可以参考、否定、采纳,但不能"遵守"。这是对自己的选择负责。

第二，建议有价，需要交换。

之前那个关于卤牛肉的故事，为什么厨师会给我朋友提供做菜的好建议？

因为她买了价值几百元的10斤卤牛肉。所以，这个建议并不是免费获得的，而是"买"来的。

对方并没有义务免费给我们提供有价值的方法和建议，有价值的东西往往意味着有"价"，需要我们进行交换。

当然，也许你的父母、老师、同学并不会收取费用，因为于他们而言，提供建议并没有让他有什么付出感。但你心里要知道这是你从对方那里获得的有价信息，以后对方有什么你能帮上忙的需求，你也应该提供帮忙来交换。

人们的信任关系和亲密关系，就是在这种互相交换的过程中建立起来的。

第三，事前请求，事后感谢。

别人提供建议有价值，那我们在和别人沟通时就应该保持尊重和理解的态度。

在聊工作选择之前把姿态放低；在聊完之后，真诚地表达感谢——这会让对方对你有好感。善于请求、善于感谢的人都是人缘特别好的人。

总 结

★有见识、有方法、有人脉的人给的建议值得参考。

★和他人讨论工作选择时，先评估一下对方，再选择性听取，才能效果最大化。

★参考建议而非遵从；有价值的建议需要交换；事前请求，事后感谢。

按自己的天赋优势去求职，失败了怎么办

> "都说工作要根据自己的天赋优势去选择，这样容易成功。我测了自己的天赋优势，感觉很准，无论是盖洛普（一种天赋优势测评）还是DISC（一种行为风格测评），结果很一致。根据测试结果简单分析了一下，我有在大企业做市场营销的天赋。但是我投的简历石沉大海，多数企业都没有回音，只有一两家给了面试机会，而且面试也都失败了，究竟哪里出了问题？难道我的天赋测试不准？"

优势理论认为：发挥优势，而非弥补劣势，是人们在工作中创造业绩和获得成功的重要原因。人们在职场中发挥自己的优势，能创造更大的价值，收获更多的回报。

而每个人的天赋优势具有稳定性。比如A的优势是思辨能力强，分析事情和问题比普通人更深入，这个优势并不是突然才有的，而是在A身上存在了几年，甚至几十年的。大量的天赋测试题都是直觉测试，具有稳定性的天赋往往可以被测试出来。所以，很多人会依照自己的天赋优势来求职。这似乎也应该是企业录用自己的理由。

但上边讲述的这种不被录用的情况并不是偶然情况,而是经常发生。因为企业招聘一个人的原因是复杂和多元的,即便一个人的优势符合某个岗位的要求,它也只是满足了诸多入职条件中的一个。

在这节里,我们不分析其他原因,单论优势匹配。假设企业只根据面试者的优势匹配程度来招聘,其实也依然会出现拒收的情况,原因在哪里?

并不是天赋优势的理论错了,而是个人对天赋优势的评价方向和企业对天赋优势的评价方向是有差别的。

个人评估自己的能力、优势一般是通过两个方式:

1. 测评

人们对"认识你自己"有种天生的执念。同时,人们对测评也有种天生的执念。于是,通过测评来了解自己就变得很普遍。无论是有科学信效度评估的人格测评,还是有社会认可度的星座测评,测一下,看看自己到底是什么样的,有什么潜能天赋行为方式,确实能给自己带来一定程度的自我启发和自我效能;

2. 自我提问

自我提问是心理咨询治疗中的环节,通过一系列问题的回答,让自我对自己的优势、人格、行为方式有所觉察。比如最简单的技术,是在一张纸上写20遍"我是谁?"然后一一回答;还有,可以回答一系列的问题,比如:

你印象深刻的童年记忆是什么?
在什么情况下你能学得更快?
你遇到烦恼是如何让心情变好的?
……

但是企业往往不会按个人评估优势能力的方式来评估候选人的能力优势。他们更愿意借助应聘者的作品、过往绩效和行为面试法来评估。

1. 作品

作品就是能呈现给客户的产品。

所有企业在招聘设计师、程序员、媒体撰稿人这类岗位时，都会要求在面试时"携带作品"，就是通过作品来评估其能力。

如果一个人认为自己战略思维比较强，那他去企业面试时，就可以提供一份行业分析报告来证明，这就是作品。

2. 过往绩效

有的工作很难形成成型的作品，比如市场营销、客户销售，那企业就会根据过往绩效来评估这个人的能力。比如：营销活动会看活动参加人数、月活跃用户人数、转化率；客户销售则会看销售额，月绩效，大客户数。

这些都是一个人相关职业的过往绩效。过往绩效好，则意味着相关能力强，有优势。

3. 行为面试法

行为面试是面试的一种典型方法，就是在面试中通过请应聘者讲述自己过去的一些事件来判断其能力、优势、性格，并由此评估其是否与岗位相匹配。

比如，面试官经常会问：能不能讲述一个让自己很挫败的经历？有没有和团队一起完成过艰巨的任务？

这么一对比我们就可以发现，两种优势的评估标准截然不同。要想了解差异存在的原因，我们要先认识一下一个人的天赋优势的成长路径。

天赋的成长

如同种子破土而出,开花结果。个人的天赋优势也会经过发现天赋、投入努力、交付成果这三个过程,从而把天赋变为成就。

我的一个合作伙伴是公司金牌销售。他是怎么做到这一步的?第一步,他做了个人探索、测评,发现自己很有影响优势,语言有种影响大众的魅力,别人很容易相信他。他觉得这个天赋用在销售这个工作上会很有优势。

第二步,他开始投入努力,把这个天赋用在工作中。比如,在微信上写文案卖货,开网店做淘宝客服,在各种聚会中讲述经验推销自己。其间,他也学习了营销技巧、营销文案、销售话术。这种投入让他具备了一种能力——销售能力。

由此带来了第三步,销售能力最终让他收获了很多订单。

当一个人将天赋优势投入工作生活中,就形成了能力;把能力进行交付,于是有了结果。综上所述,我们会发现自我评估和组织评估,二者的方向其实是相反的。

反向呈现天赋

如果一棵植物有意识,它会先意识到自己是一颗什么种子,再意识到自己在生根发芽,最后意识到自己开花结果,长成大树。

人对自己的意识也大多如此。先通过测评、自我提问来觉察自己的天赋优势,然后再将这些天赋优势发展为能力,最后能力交付,产生成果。

这是一种由内而外的评估过程。

而企业评估人的过程恰恰相反。企业会先了解这个人曾经取得的成就、结果,然后评估这个人应该会有什么能力,能帮企业解决什么问题,最后再推测这个人有什么天赋，能不能给企业带来更大的价值。

比如企业要招聘一个销售人员，会先通过作品和过往绩效，了解他之前工作的成交结果、成交的金额、客户数量，然后根据他的成交结果，做出一个推测：他有销售能力；企业会稍微再深度探索一下，他是怎么做到的呢？然后会请他描述自己是如何谈成客户的，然后发现他很善于影响他人。

这是一种由外而内的评估过程。

企业招聘一个人，是一种投资和冒险。企业冒的风险是，经过一段时间的工作和支付薪酬，这个人可能并不能给企业带来价值。所以降低风险的方式就是，根据这个人的外在成就结果来招聘。

当个人跟企业的对天赋优势的评估标准不一致，就会出现一个问题：企业看不到你的工作结果，就无法评估出你的能力和天赋，企业就不敢在你身上投资和冒险，招聘的可能性也就不大了。

因此我给大家的建议是：天赋优势没有错，你也可以用测评、自我提问、成就事件来挖掘自己的天赋，但当你去求职面对企业时，你要用由外而内的方式展现你的天赋优势。

第一步，总结自己交付过的作品，获得过的成果；

第二步，根据作品和成果来分析自己有什么能力；

第三步，最后根据能力反应自己有什么天赋。

比如，我曾经写过三本畅销书，这说明我具备写作的能力，写文案、写论文这类工作我总是能更好地完成，而这和我善于思考和表达的天赋有关。

借助这种方式，能很大程度上提高企业对你天赋的感知。

总 结

★个人对天赋优势的评估方式是测评、自我提问和成就事件。

★企业对个体天赋优势的评估方式是作品、过往绩效和行为面试。

★企业对能力天赋优势的评估是由外而内的。

★我们需要用由外而内的方式呈现自己的天赋优势。

面试不被录用，除了能力还有哪些原因

> "刚刚被一家公司拒绝了，一共三次面试，他们要招一个有娱乐和心理产品经验的经理，我之前就负责过一款跟心理相关的App，我觉得自己和他们公司的职业要求都匹配，而且面试过程也感觉良好。为什么他们公司还是拒绝了我？我该怎么办？"

面试主要考察的是什么？

很多人会说是能力。当能力符合岗位要求时，面试就能大概率成功。毕竟，企业发布岗位说明书时，里边说的多是能力要求。

但现实真的如此吗？

试想如果企业想招一个物业管理员，却来了一个房地产管理的硕士，还管理过各种大型小区，你相信他在物业管理方面无论是专业知识还是管理经验，能力显然是绰绰有余，但你会招他进来吗？

未必。

因为他不一定匹配。你的小庙养不起这么大的佛。

所以，面试其实考察的不是能力，而是"匹配"。

有人又会说，那我能力匹配不就行了。但上边那个案例不就说明问

题了吗？事实上很多人的能力确实匹配，但却依然被公司拒绝了。这是因为，面试考察的不单单是"能力匹配"。

三种匹配

企业录用一个员工，需要考察三种匹配度。

1. "人岗"匹配

一个成熟的求职者准备面试时的第一步，是去分析目标企业的岗位说明书。岗位说明书上清晰描述了该岗位的工作职责和任职要求。

第二步，企业会拿自己的能力和岗位做比对，内心会对着岗位说明书的要求，一条一条"打对勾"。如果有80%的条目自己都符合，他就会投简历，然后按岗位说明里写的"关键词"来准备简历，这样会大幅提升收到面试机会的可能。

而且，在面试中也要经常提及这些"关键词"，这样会让面试官更加认为你是匹配的。

上边说的这些过程，其目的都是为了实现"人岗"匹配。我们所经常说的能力匹配，就是指这个匹配。

2. "人企"匹配

我认识一个做能源的央企HR，他们面试毕业生的时候，对于很多能力强的、学习成绩好又积极参加社团的，甚至已经进行实习的毕业生，都未必会录用。曾经有一个来面试的毕业生，他的思维、表达、实习经验都相当不错。但是面试官问了一个问题：

"你对未来的职业发展有什么想法？"

他是这么回答的：

"我很愿意跟随公司的发展而发展。在一家快速发展的企业里，我能快速融入公司氛围，并在半年后为公司做出更大的业绩和价值，我的职业也会有同步的晋升。"

然后还举了几个有关自己能力的例子。

这类回答几乎是教科书级别的回答。但那个HR说，后来我们并没要他。因为他的成就动机太强了。

成就动机强不是好事吗？

但在一家能源央企却未必如此。假如这个同学入职这家央企后，企业很可能派他到某个偏远工地做工程工作，时间长达两三年。收入很难有大幅提升，成就感很难得到满足。而且公司已经过了高速发展期，这个同学很可能半年后就会因为公司发展缓慢，自己没成长而愤然离开。

那个HR最后说了一句话："我们还是需要一个追求稳定，踏实沉稳的毕业生。哪怕他能力一般。"

这个例子就说明"人企"匹配的重要性。

"人企"匹配的本质是，**是否能接受、认同企业文化和企业价值观，并按照企业文化的要求去工作。**

比如能源类央企的企业文化就是：踏实沉稳。如果一个求职者的成就动机太强，在这样公司就会很压抑，企业也会觉得他很"刺头"。

有的公司的企业文化是：老板一言堂。什么事都得老板拍板。如果一个求职者希望有很大的自主性，自己掌控工作，为结果负责；那入职后很可能会发生严重的冲突，造成个人和公司的损失。

因此，面试时，面试官的提问不单单是观察求职者是否人岗匹配，也会观察这个人的职业动机、倾向、行为方式和价值观，并在内心做一个判断：拥有这样一个价值观的人，在我们公司这样的氛围里工作，大家是会很融洽，还是会很排斥？由此来判断你是否"人企"匹配。

3. "人人"匹配

我们通常会以为，任职某个岗位，做胜任这个岗位的工作，认同该公司的文化氛围，似乎就是真的和该公司匹配了。

但事实未必如此。国外有两个企业管理专家和数据分析专家通过对各个大企业的行为进行分析后发现了这样一个现象：在同样一家企业里，不同团队的工作体验、工作风格、交流方式的差别之大，比不同企业之间的差别还要大。

公司是虚的，团队才是实的。

而决定一个小团队的工作风格、交流方式和工作体验的人，是这个团队的负责人，也就是你的直属上级。

因此，在面试时，当直属上级面试你时，他不只会观察你是否"人岗"匹配，还要评估你是否"人人"匹配，即你能不能跟他在一起和谐共事。

现实中确实存在，即便一个面试者人岗匹配，能力胜任，也人企匹配，认同企业文化，但是却因为"人人"不匹配而被拒绝的现象。

举个例子。一家公司招一名项目经理，张总、李总两个面试者都合格，他们的项目管理经验完全胜任，工作风格也符合公司文化。可最后必须选一个，就由他们的总监来面试。总监问了一个问题：

"现在有个项目要你们负责，项目成员中有一个人是某客户的关系户。他工作业绩很差，工作态度也不好。项目的绩效评估，他的工作绩效明显是最后5%那部分，按理应该被辞掉。如果现在要你们进行评估，你们会给他打多少分，要不要辞退他？"

张总的回答是："要按规矩办，既然有了规章制度，就必须得执行，否则别人会觉得不公平，然后大家就都不会执行这个制度，这非常影响项目目标，甚至会对整个公司造成不好影响。"

而李总却回答说："既然是客户的关系户，那他的绩效就不是他的工作内容，关系本身就是一种绩效。所以我会灵活处理，如果要评估，我可能会打B-，甚至如果客户很重要，我还得打个B，无功无过。然后我再私下和他谈谈，利用感情牌激励他吧。"

最终李总拿到了offer。因为这个案例就是那个总监自己经历过的，而他的操作就是留下了关系户，绩效打了B，放任那个关系户混日子。他内心觉得客户关系最重要。于是，他选择了跟他"匹配"的李总。

但换个情境，也许到另一个部门，另一个总监，同样的问题，拿到offer的人可能就换成了张总，因为有可能另一个总监更认同张总的做法和倾向。

这就是"人人"匹配奇妙的地方。

所以，很多人明明能力也很匹配，却面试失败，没准就失败在"人企匹配"或者"人人匹配"上了。

当我们了解了这三种匹配之后，我们针对企业的面试该做些什么呢？

三个准备

1. 提前了解公司和公司老板

大家可能都知道要提前研究岗位说明书。但是，想要进入面试阶段，不只要提前研究岗位说明书，还需要对目标公司做更多了解。

你需要了解目标公司的产品业务、企业文化、工作倾向、典型行为方式；甚至如果有可能，对目标公司的老板做一定了解会更有帮助，老板爱看什么书、发表过什么讲话、有没有关于他的传记或传记类文章等。

而这些了解，在现有的手机上几乎都能找到，花不了你一个小时的时间。

2. 做出评估和判断

当你能大致了解这家公司和老板之后，试着把自己想象成这家公司的员工，你就能大致评估出自己是不是容易融入这家公司了。这就是评估和判断。

如果你发现确实很难实现"人企匹配"，甚至出现"人企反配"的情况,不去也许是更好的选择。

当然,如果感觉到不那么舒服,但迫于生计,或有什么其他的追求,你依然希望进入这家公司,那就要进入第三步了。

3. 刻意调整自己的行为方式

有句话有趣且真实,"职场不是权力的游戏,而是演员的诞生"。

对职场人来说,在公司里完全按自己的想法、性格去工作几乎就是"任性"。大多数人的工作状态,或多或少都戴着一个符合公司文化的面具,如同演员一样在工作。

所以,如果通过了解和评估,感受到自己跟目标企业不那么匹配,但你依然希望进入这家公司,就需要在面试的时候"演"一下了。

你可以想象一下,这家公司的员工应该是怎么工作的?他们怎么作息,怎么穿着,怎么和人沟通,遵守什么礼仪。然后在面试时,把自己想象成就是这家公司的员工,你不是去参加面试,而是去参与一个会议,探讨某个项目。这样"入戏"之后,也许能让对方感受到"人企匹配"和"人人匹配"。

即便最终面试失败,你内心也能大致明白原因:不是真的不情愿演这个角色,只是一不留神"出戏"了。这个归因可以给自己一个更客观的解释,能方便自己放下包袱,继续面对下一场求职。

02　理想与面包，究竟哪个更重要

总　结

★企业面试考察的是三种匹配：人岗匹配、人企匹配、人人匹配。

★面试前先提前了解企业和老板，再做评估判断，最后可以调整自己面试时的行为方式。

努力拼搏赚钱，还是平淡生活，随遇而安

> "我大学毕业就来到北京工作，已经两年了。现在工作一般，我很犹豫要不要继续在北京坚持下去。北京房价高压力大，工资虽然比老家高但是花销也大。父母希望我回老家过安稳日子。我很纠结不知道该怎么办？我是应该留在北京努力拼搏赚钱，还是回老家过平淡生活，随遇而安？"

逃离北上广几乎是年轻人每年都要聊的热门话题，每年都有人"逃离"，但是每年也都有大量的年轻人涌进大城市工作和生活。大城市人来人往，走和留都有自己的理由。如果只是从理性的角度分析留下来和逃离的利弊，必然会非常纠结，因为双方说得都对。

因此，我们不妨换个角度，先从一个问题入手：我们为什么工作？或者说我们工作的目的是什么？

绝大部分人下意识的反应都是：工作是为了挣钱，不工作怎么生存呢？

其实不是这样的。我们工作是为了赚钱，但钱只是一个中介物，钱是价值的衡量物。钱不在于数字的多少，而在于能买到多少东西。

我们赚到的钱终究是要花出去的，我们买的每样东西都代表了我们的需求。有些人爱买奢侈品，他的需求可能是被尊重被认可；有的人攒钱买

房子，他的需求可能是安定；有些人不消费，就是看着存款增加心里就高兴，他的需求可能是存款带来的安全感；有些人把钱都花在自己身上，舍不得为家人朋友花钱；有些人为家人朋友花钱很大方，对自己特别抠门，都是对应着不同的需求。

因此，钱首先是一种中介物，标记每一种物品的价值。其次，我们努力工作挣钱，然后通过花钱来满足内心的需求。

所以，努力拼搏挣钱还是平淡生活随遇而安，这个问题的核心在于：你的需求是什么？你的这种需求到底在大城市更容易满足，还是在小城市更容易满足？

明白了这一点，我们再来对"选择"这个动作进行分析。

选择是有代价的

如果我问你，你想过什么样的生活？绝大部分人都会说，肯定是好生活啊，有钱，有闲，别太累，工作有成就感，最好工作生活还能平衡。

但真实的情况是，每一种生活都要付出代价。

我有一个表弟，几年前来北京找工作。面试一家互联网大厂后，特别兴奋地和我说一定要入职这家公司，因为公司福利特别好：有一层楼的室内游泳池，员工免费；有好几百平方米的健身房，员工免费；一日三餐公司全包，员工免费。如果在离公司2.5公里范围内租房住，公司每个月还都给住房补助。

表弟后来如愿以偿进入了这家福利特别好的公司，然而几个月以后，我们见面吃饭，我问他是不是很棒。他苦笑了两声道："游泳池、健身房就去过一次，每天几乎都加班，晚上10点之前没回过家。"我反问："那还不换个工作？"他摇摇头："不能走，我现在做的都是最前沿的项目。而且我们部门在快速扩张，未来有很大的机会。"

一年后我表弟做了部门的副经理。

另一个故事是我老家的同学，大学毕业后回老家，进了县城的银行。每次看他的朋友圈不是在晒娃就是在广场遛弯。有一次同学聚会一起聊天，他也在抱怨："工作倒是不忙，下了班也没什么事，但是职业没什么成就感，就这么混日子又不甘心。"

我接受的咨询越多，就越觉得很多人对职业发展都有种错觉，以为努力就可以得到自己想要的。但努力只是一个基本条件，更重要的是你要愿意为你想要的东西付出代价。

我去互联网企业培训，员工提出的大部分问题都是：加班太多很辛苦，工作生活不能平衡，工作压力大之类的。但是很少有人抱怨，升职加薪慢，没什么成长。

相反，我去传统行业培训，比如制造行业，员工提出的大部分问题都是：职业瓶颈怎么办？行业下滑没机会怎么办？很少有人提出加班太累，工作生活无法兼顾的问题。

选择每一种生活，背后都是有代价的，所谓的鱼和熊掌不可兼得。你想要收入高，快速升职加薪，那多半就要承担高强度、高压力的工作。你想要生活工作平衡，公司稳定有安全感，那就要忍受职业上升空间缓慢，收入常年无变化。

选择哪一种生活，除了要看自己能得到什么，还要注意自己失去了什么。只看获得，不看付出，就算得到也会心有怨气，到处抱怨。

大城市与小城市的区别

无论你选择在大城市努力拼搏，还是选择去小城市随遇而安，在生活和工作上都要有一些规划技巧，否则很容易出现做对了选择却用错了策略的尴尬结果。

大城市和小城市虽然各有优劣，但在分析其与个人发展的关系时，我们重点要关注相关方面：行业机会和性格偏好。

先说行业机会。为什么很多年轻人都喜欢去大城市闯荡,一个重要的原因就是大城市的发展机会多。但是要注意一点,大城市的发展机会多只是个相对概念,相对于小城市而言大城市整体的发展机会肯定多。但是在大城市内部不见得所有行业或者所有企业都有很多发展机会。

年轻人去大城市,忍受着糟糕的空气质量,拥堵的城市交通,高昂的房价,这一切不都是为了搏一个快速的发展机会吗?所以,如果你决定去大城市生活,那就尽量选择那些前沿的、发展迅速的行业,比如移动互联网、游戏行业、新能源汽车、在线教育等领域。这类行业有一个典型特点:起伏大,常有小企业爆炸式增长快速做大的案例。另外,可以优先考虑民企或创业公司。因为这类企业晋升机制比较灵活,项目方向紧贴市场需求。如果你能力够强,运气也不错,很有可能因为某个项目爆发而抓住快速升职加薪的机会。

如果年轻人选择去小城市,小城市的生活节奏慢,商业机会少,所以我建议尽量考虑公务员、国企或者事业编制。如果你进了创业公司或者自己创业,成功的概率会很低,毕竟城市就这么大。

大城市求的是变,因为变化多,机会才更多。所以行业、企业、岗位都要尽可能地选择变化多的领域。

小城市求的是稳,稳定才能更好地享受生活。所以选择小城市生活尽量别折腾,好好过日子是正事。

再说性格偏好。人们在生活选择上最主要的性格有两种:进取型性格和防守型性格。这两种性格最明显的区别是一个关注未拥有的,一个关注已拥有的。

进取型性格的注意力往往都在未来的目标上,对当前目标不容易满足,也不担心失去已拥有的资源,对未来比较乐观。

防守型性格正好相反,注意力都在已经实现的目标上,容易患得患失,不愿意冒险去实现更大的目标,对未来往往也比较悲观。

大城市对于进取型性格的人来说,就像是一个冒险乐园,每天都有新机会。但是对于防守型性格的人来说，可能就是一种折磨。因为他们总会忧虑：单身的时候担心找不到对象；结了婚担心买不起房子；有了孩子又担心未来孩子上不了好的学校。

而小城市的确定性比较多，变化小，进取型性格的人可能会觉得很憋屈，甚至觉得生活很无聊。但是防守型性格的人反而觉得很安全。

这两种性格本身没有好坏，关键要看与所处的环境是否匹配。生活本身也没有好坏之分，要看你的性格适合哪种生活。

总　结

★选择每一种生活都有代价，鱼和熊掌不可兼得。

★大城市求变，小城市求稳，想进取去大城市，要防守去小城市。

努力找自己喜欢的工作，还是喜欢上自己的工作

> "我不喜欢自己现在的工作。有人说，人一定要找到自己热爱的工作，才能成功。但我又害怕自己找不到。又有人说，喜欢是可以培养的，重要的不是喜欢，工作能赚钱就是好工作。到底谁说的对？我该怎么办？"

探索喜欢的工作，寻找职业兴趣，做热爱的职业，这些都是长盛不衰的话题。本质上就是我们过去对"干一行爱一行"和"爱一行干一行"的争论。就如上边这段话一样，我们听完会觉得似乎两边说的都对，但是真正在工作中却还是不知道怎么办。

作为职业规划师，本节我就来做一个"终极解读"，按照逻辑顺序把这个古老的话题谈透彻。

喜欢是怎么形成的

想象一下，某个酷暑的下午，你在逛街，大汗淋漓。你走进一家便利店，冰柜里放着一排排饮料。一个黑色的易拉罐进入你的视野，上边印着"可口可乐"四个字，这勾起了你的兴趣。于是你打开冰柜门，取下了一

罐冰可乐，走到柜台前，掏出手机，付了费。打开易拉罐喝到冰可乐的一瞬间，你让充满碳酸的液体流到舌尖，甜、酸、冰夹杂着气泡的刺激，每一口都是享受。

这就是一个激发兴趣，采取行动，兴趣满足的过程。在此，我用一个脑科学的描述，再次讲述下刚刚这个过程：

a. 你走进便利店，看到了黑色易拉罐，上边印有可口可乐商标。此时大脑的奖赏中枢激活，身体大量释放兴奋的多巴胺，这会使你产生期待，并专注于这罐饮料上，产生了强烈的欲望和动机。

b. 你的脑海中会蹦出"我要喝可乐"的欲望和"我得买到这瓶可乐"的动机，同时奖赏中枢建立了一个"喝可乐很爽"的预期。这个预期、欲望和动机会促使你采取行动去买这瓶可乐。

c. 当你喝到可乐时，你的多巴胺会持续释放，同时，碳酸形成的辣味还会帮你的大脑释放内啡肽，增强愉悦感。喝完之后，大脑又释放了另一个神经递质：5-羟色胺，它能带来满足感。

d. 这一系列过程，再次强化了大脑的奖赏中枢，又一次印证了"喝可乐很爽"。

但是，大家有没有想过这个问题，奖赏中枢给的"喝可乐很爽"的预期是怎么形成的？假如一个人从来没有接触过可口可乐，他的大脑对这种用黑色的瓶子装着，初尝有点苦和辣的液体并不能建立起"喝它很爽"的期待。他一定是经过了品尝，同时看到了别人喝完的样子才有了好奇，自己喝了几口，朋友也说很好喝，于是一步步逐渐建立了这个"期待"。然后，一个"喜欢"就建立起来了。品尝、看到别人喝、听到别人说，这一系列过程就是"外部经验"。

所以，人们对很多事物产生喜欢的感觉，并不是生下来就有的，而是经过外部经验逐渐形成的。

如果没有"外部经验"，人们只能靠本能来喜欢某事。而心理学家们研究发现，对工作、职业的这种兴趣，全部需要依靠外部经验才能建立起来。

自己体验过某件事，或者看到别人做过某件事，又或者听到别人说过某件事，这些经验的多重刺激，构成了一个人对一份工作的个人倾向：喜欢、一般、不喜欢、厌恶。所以，一个人热爱的工作并非是"找"到的，而是经历了大量外部经验形成的。

两种兴趣认知

心理学家发现，人们对于兴趣的认知，往往有两类。一类叫"兴趣固定论"，认为自己这辈子只会有某几个固定的兴趣，只会喜欢某几个工作，爱吃某几样食品；另一类叫"兴趣养成论"，认为一个人的兴趣是可以通过培养学习养成的，一个人可以培养任何兴趣。

因此，本话题的两个观点背后，就站着这两种认知的人群。相信"兴趣固定论"的人，会认为要先找到自己喜欢的工作，才能工作开心，做出成就，成为人生赢家；而相信"兴趣养成论"的人，自然会认为，培养自己对工作的兴趣，一样可以开心工作，做出成就，成为人生赢家。

那到底是哪种认知更有利于一个人的发展和内心的愉悦呢？

心理权威期刊《心理科学》2018年的一篇论文《隐含的兴趣理论》就做了相应的研究，结论表明相信"兴趣固定论"的人会面临这样的难题：无限夸大兴趣，而忽略兴趣道路上的挑战，他们会花费大量时间精力去关注某个单一"热情"，一旦探索失败容易自暴自弃。

看上去相信"兴趣养成论"的人似乎更有利于适应环境和职业发展。这让"兴趣固定论"的朋友们很不解。在我的大量咨询案例中，相当多的人内心都有一个"我一定要探索到我喜欢的工作"这样的信念。要让他们改变信念，培养自己对现有工作的兴趣，并非易事。遇到这种情况，我会告诉他们下面这个重点。

兴趣探索有成本

努力找到自己喜欢的工作，还是喜欢上自己现在的工作，这个话题其实可以联想到很多类似话题：

努力找个自己喜欢的伴侣 VS 喜欢上自己现在的伴侣
努力换个自己喜欢的国家 VS 喜欢上自己现在的国家
努力生个自己喜欢的孩子 VS 喜欢上自己现在的孩子

同样的表达方式，有些话题是各说各理，但有些话题明显就很荒谬。比如"努力生个自己喜欢的孩子"，就明显很荒谬。原因并不是各位爸爸妈妈们不想这么做，而是这么做太难，成本太高，根本做不到。

所以，核心在于"成本"。

"找到自己喜欢的工作"其实也会面临类似的问题。即便这世界上确实有一个独一无二的自己喜欢的工作等着你，但每个人只能工作50年到60年。我们已经知道，评估一份工作自己是否喜欢需要"外部经验"，而外部经验的获取需要时间和金钱，这就是每个人探索兴趣的成本。很可能的情况是，也许一个人花了几年时间、几万块钱找到了一个还算喜欢的工作，但是他总会遇到挑战。而当他遇到挑战时，他内心就会想，这不是我最喜欢的工作，一定还有一个最喜欢的工作，于是他继续找，可能一辈子就这么过去了。

我们的时间和金钱不足以支撑我们把所有工作探索一遍。因此，我们需要找到一个最佳策略，既能一定程度地找自己喜欢的工作，又不至于付出巨大成本。

这个策略就是——简化探索，养成兴趣。

简化探索，养成兴趣

既然把所有工作都探索一遍形成"外部经验"的成本太高，那最好的方式就是把探索过程简化。我总结了三种简化的方法：

一是把工作和个人兴趣分成几大类。不去追究自己最喜欢哪一个工作，而只是确定自己更喜欢哪一大类的工作，然后在这一大类工作中调整认知，成为兴趣养成者。这种探索，用简单的职业体验和人格兴趣测评，一天就可以实现。

二是限定探索兴趣的时间。如果一个人要确定在一份工作上做5年，那他可以花半年的时间体验不同工作，以建立一个"外部经验"。然后从这半年时间的探索中找到一个最优解，以它为最喜欢的工作，再用后续的时间慢慢养成对它的兴趣。

三是排除法。人们喜欢什么工作往往需要花很多时间去探索，但讨厌什么工作仅仅需要几秒钟。人的大脑对厌恶比喜欢灵敏很多。所以，不如先花一点时间用直觉排除掉大量不喜欢的工作，然后在剩下的工作中挑一个，作为自己喜欢的工作，然后慢慢培养对它的兴趣。

把探索简化，既省了时间，也省了钱，还能得到一个八九不离十的心安答案。然后再用剩下的时间去培养兴趣，强化"外部经验"，喜欢上自己的工作。人生的遗憾就会相对少一些。

总　结

★喜欢的工作不是"找"来的,而是通过外部经验和实干建立起来的。

★人对兴趣的认知主要有兴趣固定论和兴趣养成论,最好能形成兴趣养成论的认知。

★探索喜欢的工作的最大问题是成本,有效的策略是简化探索成本,然后养成兴趣。

工作十几年一直找不到自己的理想怎么办

> "我工作了十几年,主要在三家企业里,做过营销,做过管理,也和研发合作过,广告行业、互联网行业、教育行业我都做过。而且市面上很多发现自己的理想的各种方法也都用了,但发现总是找不到自己的理想,就是那种有乐趣有热情的工作,我这辈子是不是就这么完了?"

经常做咨询讲课总能遇到有人问我这样的问题,他们面露焦虑,凝望着我。作为职业规划师,自然会掌握各种各样探索理想的方法,你用这个找不着理想,我会建议你换一个方法。但这节我们不谈探索理想的方法,因为当你用了很多方法都觉得探索不到时,也许不是方法错了,而是对理想的认知错了。

理想是一个光谱

当一个人苦于"找不到自己的理想"时,他内心存在这样一个观点:
"每个人都有一个强烈想要实现的理想。"
这也许是看名人故事看多了造成的。那些名人故事会说,伟人A在他很小的时候,仰望星空,内心深处就有了这样一个理想:探索宇宙。伟人B在他上学时,看到了三尺讲台上的老师,内心深处就有了这样一个理想:教书育人。

名人故事看多了,很多人就会产生"人人都需要理想""成功人士都有理想,有理想才能成功"这样的观点。

于是,生活就成了一次次探索理想而不得的挫败。

我们的行为来自于内心的观点,而观点并非事实,是人们根据一些事情所作出的假设,它们未必是真的。

实际上很多人内心都没有那么强烈的理想诉求。

有些人,内心有很强烈的理想,要拯救人类,追求真理,改变世界,成为作家、科学家、宇航员……;有的人,理想不那么强烈,确实有一些想法,能实现自然好,不能实现也接受;还有的人,所求无非是生活好一点,内心根本也没什么理想可言。

如果我们做一个"理想光谱",右端是"有一个强烈的想要实现的理想",左端是"没有什么理想",那分布在两端的人都是少数,大约5%。大多数人都分布在中间,这应该是一个正态分布(参考图 2-2)。

图 2-2 理想正态分布图

有一句谚语叫作"有志之人立长志,无志之人常立志"。这个有志之人,无志之人,就是指这个理想光谱的两个极端。大多数人既不是"立长志",也不"常立志",而是有一些阶段的方向目标;但过了这个阶段,或者遇到了新的状况，又发生了变化。

这么一想，你是不是就不那么焦虑了。你的想法其实就是大多数人的想法，有那么一些追求，但也能接受实现不了的情况。

两种理想观

每个人的理想不尽相同。比如小鹏和小华，大家可以看看他们的理想有什么差别。

小鹏：
我的理想就是有钱，财务自由，成为人生赢家。有大房子，面朝大海，春暖花开，每天都能玩得开心。

小华：
我的理想是建立一个商业交易的平台，让天下没有难做的生意。

这两个人提出的理想代表了两种截然相反的"理想观"。

生活处处有交换。你解决别人的问题，给别人提供价值，交换回钱和其他利益。所以一个人的理想观其实可以切割成两种。

第一种是我想解决什么问题，提供什么价值，这叫"生产型理想观"
第二种是我想得到多少钱和什么利益，这叫"消费型理想观"。

像小鹏这种一切理想都是指向自己，追求物质和精神享受的理想，就是消费型理想观。消费型理想能带来安全感和价值感：能挣到很多钱，很安全；得到晋升了，很开心。这种指向自己的感觉，就是消费型理想，但这不是"职业理想"，因为这些理想不需要工作，只要有钱就可以实现。大多数人的理想都是"消费型理想"。当一个人说我做这个工作也找不到理想，做那个工作也找不到理想，很可能他想实现的都是消费型理想，而他的工作又没法挣那么多钱去满足他的愿望，由此他会感到焦虑。

而像小华这种一切理想都是指向他人，追求改变世界和服务他人的理想，就是生产型理想观。生产型理想能带来丰富感和意义感。我有一次给一家全国第二的手机面板公司做培训，他们一个工程师讲述自己有一次逛手机店，看到一个手机被摆在柜台上，好多顾客都在看，他突然眼睛一亮，盯着那款手机，因为那款手机的面板是自己设计的，这其中的感觉就是理想实现的感觉。

老师教孩子学习，孩子成绩提高，考上好学校，老师会有理想实现感；医生救治病人，病人康复出院，医生会有理想实现感；航天集团的工程师，每次看到火箭上天，卫星成功发射，会热泪盈眶，工程师会有理想实现感。这种指向他人的生产型理想，才可以称为"职业理想"。

所以，如果一个人要去找职业理想，那就放弃那些消费型理想，比如我想去旅游、我想实现财务自由之类的。这时候想一想指向世界、指向他人的生产型理想：

这个世界有什么需求？

他人有什么需要和难题？

我想用什么方式影响他人、服务他人、改变世界？

当然，这么一分析，可能不少人会明白，自己原来没有那么强烈的职业理想，就是想让自己的生活好一点，自由一点，有钱花，有房住，有人爱。这种消费型理想也无可非议。那就不如去选一个发展快的行业，从事一个发挥自己能力的工作，赚到更多的钱，再拿钱去消费，实现你理想的生活，也未尝不可。

总　结

★理想是一个光谱，大多数人都不在极端，都是有一些小理想，也能接受理想实现不了。

★理想观分成消费型理想观和生产型理想观，职业的理想是生产型理想。

★如果只有消费型理想，那就不要试图在工作中找理想，努力挣钱去消费就好。

30岁之前要确定职业方向，否则就没机会了吗

> "有一种说法：一个人要在30岁，最迟在35岁之前确定自己的职业方向，在这之后换行业就会非常困难。越往后人生会越没希望，这个说法对吗？"

一个做少儿编程的培训机构有这么一句广告词：

"你来，我们培养你的孩子；你不来，我们培养你孩子的竞争对手"。

如果你是有孩子的家长，可能看一眼就马上焦虑、咨询、缴费。

这类说法现在非常流行，有个词专门形容它们，叫"贩卖焦虑"。

"你的同龄人，正在抛弃你""30岁之前一定要做的100件事""35岁的失业不值得同情"，诸如此类，大同小异，意指：某事必须要在某个时间点完成，否则就"永世不得翻身"。这类标题党说来说去就只有一个目的：让你消费。不是让你买产品，就是让你买服务，至于是不是真的解决问题，未必有人关心。

所有贩卖焦虑的表达都有两个共同特点：

第一，没有逻辑分析，只有情绪判断。它们会在没有任何背景分析的情况下得出一个让你很焦虑的结论。

第二，放大灾难性后果。灾难和危险能触发人的焦虑感。

焦虑感是印刻在基因里最深的痕迹，但缺少理性的焦虑却会让人无法行动。所以，先别焦虑，我们试着从职业准备期和35岁之后如何转行两个方面来分析。

认识职业准备期

职业准备期是我建立的一个新的概念认知，它是**我们从事某个职业在挣到钱之前需要投入的学习时间、精力和金钱的总称。**

从职业规划的角度讲，我们可以把不同职业的职业准备期分解为短期、中期和长期；三种准备期的职业特点不同、策略也不同。

职业准备期短的职业。比如餐厅服务员。如果是你们家小区门口的小馆子，服务员的上岗要求就很低，基本上今天求职明天就可以上岗。即便有入职培训的知名连锁餐饮，训练时间也一般不会超过半个月。类似的岗位还有很多，比如快递小哥、外卖小哥、前台、课程顾问、个体销售，它们的职业准备期都很短。这类工作往往学历门槛和技能门槛都不高，工作收入靠短期结果。而且这类岗位都有一个共性问题，收入波动性很大。

职业准备期中等的职业往往以技能为主，比如程序员、设计师、审计师等。这类职业学习时间居中，2～5年就可以执业，收入也居中，有一段收入上升期，但过了一个年龄，收入就进入平台期，保持一个不上不下的状态。

职业准备期长的职业，学历门槛很高，比如医生、律师、金融分析师等。学历意味着要学习大量专业知识和专业技能，一般人坚持不下来。拿医生举例：至少需要硕士毕业，也就是要七年的专业学习时间，毕业后还要作为实习医生去医院再规范培训三年，整整准备十年才能正式执业；而且从业者也不是简单地学过十年就可以安稳毕业，很多医学院如同狼性民企，每年都强制10%的末位淘汰，一旦进入后10%，直接劝退。律师也是如此，高学历和难考的证书形成了巨大的门槛，一般也要六到七年的学习时间，就业后还要花三四年时间做见习律师和初级律师，而且这段时间并不会带来很多收入。但是，一旦这些从业者艰难度过了漫长的职业准备期，就会获得高回报，而且职业年龄越大，经验越丰富，收入越高，会有一个"辉煌的晚年"。

清楚了职业准备期，职业定位问题就迎刃而解。

职业准备期短的职业随时都能做，但职业准备期长的职业就要越早准备越好了。比如你到了35岁才清楚自己想做个医生，那就几乎没实现的可能。十年的无收入学习，先不说精力是否跟得上，就算十年后玉汝于成，你也已经45岁了，还要面对跟30岁的新医生竞争岗位的尴尬局面，需要投入的非常多。

所以，职业早期的定位方式是：先把职业准备期长的工作列出来，然后问问自己想在哪个工作投入时间、精力、金钱，选一个，做长期准备，不求短期回报；而对于那些职业准备期短的工作，不用确定方向，有赚就行；而那些职业准备期中等的工作，可以做一个五到七年的规划，用两三年时间学习，三四年时间从业，等七八年以后，岗位面临平台期，届时再转行。

35岁以后再换工作，很多职业准备期长的岗位就不再有进入的可能了，通常只能选择职业准备期中等和短的岗位。

人到中年如何转行

35岁以后转行虽然难，但并不代表没有解决方案。我总结了两种转型方法，一种叫"嫁接"，另一种叫"三级跳"。

嫁接，就是将过去的经验和新的方向搭接，形成一个"组合职业"。

我的朋友，职业规划的咨询师薛老师就是一个典型的例子。第一次见薛老师是在深圳大学的一个讲座上，下课后薛老师来提问，自我介绍说是一家大型公司的财务总监，在财务领域深耕了快30年。自觉在财务领域已经做到了头,继续做下去觉得没意思,想转行又觉得之前在财务那么多年的积累都浪费了,舍不得,有种被卡住的感觉,怎么办?

因为有积累,所以舍不得,那我们就先捋捋他都有哪些积累:财务专业能力、财务领域的人脉、30年的财务职场经历……然后把这些职业积累重新排列组合一下,分析一下谁会愿意花钱买?比如:

财务专业能力+财务领域的人脉=大公司的财务顾问。如果愿意,完全可以只做大公司的财务顾问,兼职,每周去几天的那种。但是这类工作招聘网站上是没有的,大多是熟人推荐。

财务专业能力+30年的财务职场经历+咨询能力=财务类人员的职业规划咨询师。职业规划咨询是个大的类目,如果做只针对财务人员的职业规划咨询,那薛老师就很有核心竞争力。如果依靠人脉还能提供相应的就业推荐,那就更好了。

财务专业能力+30年的财务职场经历+培训能力=财务类认证考试培训师。如果选择这条路需要和机构合作,30年的老财务碰巧还做过大企业高管,那绝对抢手。

财务专业能力+财务领域的人脉+30年财务职场经历+企业咨询能力=管理咨询公司顾问。这个也是要和管理咨询公司合作。

财务专业能力+30年的财务职场经历+个人IP运营能力=财务类网红。不一定是大网红,但是在财务领域做个专家绰绰有余。而且个人IP运营能力不一定要自己会,可以找团队合作或者干脆雇用团队。

"嫁接"的前提一定是之前的职业有足够的经验积累,可以给客户带来价值,解决客户的问题。只不过过去的工作到了平台期,发展受阻,故而需要与一个新的平台、新的能力产生新的结合。

一年后我再见薛老师,她已经成了我的同行,是一名拥有强大财务背景的职业规划咨询师了。

但如果你35岁以后想转行的方向,跟之前的职业完全无关,那我建议你可以用"三级跳"的转型思路。

做出好选择

小艾在一家大型互联网公司做HR,有一次参加聚会,认识了一位做珠宝鉴定师的朋友,突然就萌发了做珠宝鉴定的职业梦想。她来找我咨询,我反复跟她确认:你到底是喜欢珠宝还是喜欢珠宝鉴定?要是喜欢珠宝,多买点就是了,真的没必要费这么大劲转行。她回去做了访谈,深入了解了珠宝鉴定师的具体工作情况,半年后郑重其事地跟我说:我喜欢珠宝,也喜欢珠宝鉴定,还喜欢那个珠宝鉴定师……

互联网行业的HR要去珠宝行业做珠宝鉴定师,跨度太大。几乎用不上互联网行业和HR的职业积累。那就只能"三级跳"了。

第一步,混圈子。比如中国地质大学会定期开宝石鉴定的培训班,授课的都是大学的教授,学员都是珠宝行业的从业人员。可以去参加这样的培训班,目的是进入到这个圈子里。学不会不重要,关键是要尽可能多地认识人。

第二步,转行不转岗。小艾花了半年多去培训,每课必到,又是争当班干部,又是积极组织各种活动。其间多次表达了自己想去珠宝行业做HR的意愿,课程结束前的半个月,经过同学介绍,顺利拿到了一家珠宝零售企业HR岗位的offer。

第三步,转岗不转行。小艾进了珠宝行业,踏踏实实在HR的岗位上努力了1年,工作能力和工组态度都得到了企业的认可。其间继续学习珠宝鉴定师的各项能力,持续关注企业内珠宝鉴定岗位的动向,最后如愿以偿,内部转岗成为实习珠宝鉴定师。

所以,"三级跳"的核心是要有耐心及愿意花费时间,先进入行业,再进入岗位。

但无论是"嫁接"还是"三级跳"都有一个共同前提,就是要在原来的职业领域有能力、有积累。如果以前的岗位只是混日子,混不下去了想换个地方继续混,那谁也没办法帮你。

总　结

★职业准备期的长短,决定了转型的难易程度。

★人到中年的职业转型有两种方法:"嫁接"和"三级跳"。

★踏踏实实做好当前的工作,做好积累,会让未来的职业转型更容易。

飞来横锅,应该怎么应对

关于职场关系与业务矛盾

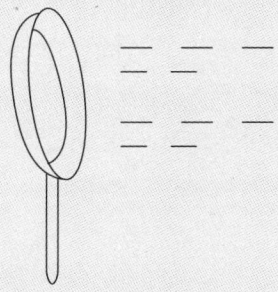

领导总是针对我怎么办

> "最近我发现我领导总是挑我的刺,我做的任何工作他都能找到问题。我快被他逼疯了,是得罪了他吗?我要不要辞职?"

职场中最重要的人际关系就是上下级关系。上下级关系好,心情愉快,升职加薪;关系不好,水火不容,鱼死网破。

现实中,上级对下级挑刺、指责的现象普遍存在。当上级对下级出现各种负面评价,挑刺指责时,下级相当于感受到了攻击,他的蜥蜴脑就会马上激活。蜥蜴脑比较简单,面对威胁就三个动作:

僵住,大脑一片空白;

逃跑,马上想到要辞职;

还击,直接指责回去。

好在动物进化出了情绪脑。蜥蜴脑的反应在几秒钟后结束,然后情绪脑激活,下级开始失望、伤心、生气、抱怨。

上边这个问题就是下级忍过了蜥蜴脑时刻,进入了情绪脑时刻,向我投来的抱怨。

但是,人类跟其他动物们的区别是,我们又进化出了理性脑。当一个人用理性脑思考时,问题就不是当初那样了。

做出好选择

在这里我用一个理性模型来给你分析一下这种现象,也给你一套解决方法。

我把这个模型叫"上级挑刺矩阵"。

上级挑刺矩阵

当一个人被上级挑刺、吐槽、指责时,我会先问他两个问题:

对人:你上级对你的这种态度,是只对你一个人,还是对你们团队其他人也这样?

对事:你上级对你的这种态度,是只对某一类工作,还是对你的所有工作他都这样?

这两个问题问完了,无非就会有四种答案:

a. 只在某工作针对我;

b. 在某工作针对所有人;

c. 在所有工作上针对我;

d. 在所有工作针对所有人。

一个矩阵就形成了。(参考图 3-1)

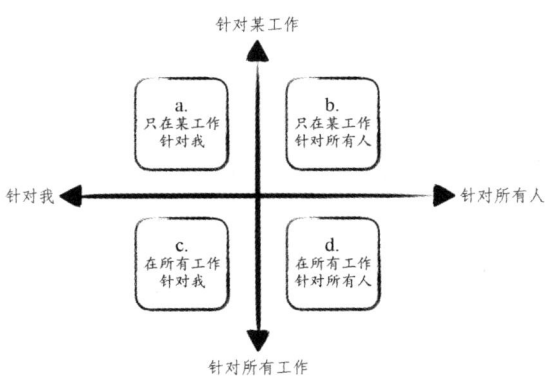

图 3-1 上司挑刺矩阵

把现象一分解，问题就得到了澄清。

根据统计数据，这四种情况中，最大可能的两种情况是：a.只在某工作针对我；b.只在某工作针对所有人。剩下两种情况很少见。这么一看你会发现，情况好像也没那么严重了。

那每个象限该怎么应对呢？

如何应对挑刺

情况a，你的上级仅仅是在某类工作上只针对你。

那就一定是你的问题。你在这类事上不能让他满意，而别人都能。比如你做的表格总是不准，你做的PPT总是不好看，你写的报告总是不到位。这意味着，即便你换了公司，只要做这类工作，依然是你的软肋，你在任何一个公司都会遇到一个批评你的上级。

所以，你要做的不是离开公司，也不是吐槽上级。而是采取下边两种做法：

如果你必须要面对这类工作，那就踏实面对，请教做得好的人，快速学习，把这类工作完成，达到70分；

如果这类工作就是你的劣势盲区，同时你工作经验丰富，有自己的优势工作，甚至有自己的团队；那你可以把这类工作授权给其他人，避免做这类劣势工作，只做优势工作。上级会用你之长。

情况b，你上级在某类工作上发飙，但是却针对他管的大多数人。

这往往表明你上司有独特的性格气质。他可能做事求完美，可能想法超级发散，还可能很强势，没准他在这件工作上曾经有过一段辛酸往事。甚至可能是她童年遭遇过什么伤痛，现在工作中触发了某类场景，勾起了他的痛苦回忆。所以只要遇到这类工作，他就要求特别高，当手下都不能达成她的要求时，她就吐槽指责。

比如我的一个来访者，待人随和，亲和力强，但是特别讨厌别人开会迟到。这是因为曾经在他刚工作时,有一次投标,他因为迟到10分钟送标书,导致项目流标,他辞职出局。这件事深深烙印在他心里,以至于他后来参加任何会议,都会早到;而别人一旦迟到,他就会非常生气。下属迟到就是一顿痛骂,甚至他的上级迟到,他都要当面批评。

这种情况下,他不是针对你,而是针对这类事。那你一方面把这类事做得质量再高一点;另一方面,你不妨理解他一下,因为这就是他的性格、他的生活所致。他骂你,实际上是对自己不满,你不妨做个好的倾听者。

情况c,你上司只针对你,对你的所有事都不满,对别人都挺好。

如果你跟老板的关系落在了这个象限,那意味着他真的盯上你了。此时,你能做的,也不是辞职逃跑,而是面对这个事实,尝试改变关系。

改变关系的最重要方式是主动示弱,表达感受。《道德经》讲"弱者,道之用",面对对方的用强,示弱反而能改善局面。

感受比道理更快触达人心,也更容易被人接纳。表达感受就是一种示弱的方法。

你可以主动约她私聊,把自己的苦闷、烦恼的感受说出来。请注意,这种沟通一定不要抱怨,而是要诉苦示弱。

你可以说:"每次跟您汇报工作,我都特别害怕,浑身发抖。好像我怎么做在您眼里都是错。我也特别想做好工作,但一直很害怕,我真的大脑一片空白,工作也做不好。您能不能告诉我该怎么改呢?"

不打不相识。"相识"不是因为你们之前的"打",而是因为"打"之后,一方能主动沟通,表达感受。

情况d,你上级在所有事上都不满,而且是针对大多数员工。

确实有这类上级,脸上永远写着三个字"不高兴"。此时,你要注意的是,这不是你的问题,而是他的管理能力问题。

他能当上司,可能因为他是业务高手,但他的管理能力确实不高。他对所有下属都不满,都觉得没他自己做得好。这样的部门要么就是他一人独角戏，最后会累死；要么他的老板也会对他有意见，他要么改，要么走。

在这种上级手下工作，要想清自己工作的目标，按照自己的目标去工作。同时，也要学会心理建设，处理情绪。如果辞职，那前提一定是你找到了更好的。否则，因为他的管理能力欠缺，而导致你辞职，不等于是他犯错，你挨打吗？

心理建设

这四种情况，无论怎么应对，只要最后选择留下，就必须要在上级对你的指责和攻击后做心理建设处理自己的情绪。

可能大家会想到很多情绪管理的方法，这似乎是个心理问题。在这里我举一个例子。

有一次我的一个咨询者找我咨询，她向我吐槽自己的老板对自己的各种不满、吐槽、奚落，搞得她每天心情都很压抑。我通过上边那个"上级挑刺矩阵"给她分析后，她表示能接纳这个工作，毕竟收入很高，老板就是这种嘴欠的人。但是她说我还是难受啊，每次一听她说话我就难受，我怎么调整？

我想了想说，有没有想过，你挣的这么多钱里，并不都是你努力工作给公司带来价值的钱，这里边也许有一部分钱就是你忍受你老板指责的钱。

她一听觉得好像有点道理。毕竟她去其他公司好像拿不到那么多钱。

我继续说："我们的劳动分体力劳动和脑力劳动，但实际上还有一个劳动，叫情绪劳动。比如，一个在殡仪馆工作的人员，每天都得表现出很悲伤的样子。哪怕他涨了工资，孩子考了好大学，只要他在工作就必须很丧。再比如，接电话投诉的接线员，就必须得平和接纳各种客户的投诉、责骂、吐槽，哪怕他心里翻江倒海。这些人挣的钱，其实很

做出好选择

大一部分是情绪劳动的钱。很多工作你会遇到一个火气大、天天指责你的上级,但你又不想离职。一旦你这么想,我挣的就是这个情绪劳动的钱,你心情会好很多。"

所以,如果你决定还要留在公司,那不如把上级的"针对"看作自己的情绪劳动,听他的吐槽本身就是一种工作。

他动怒他伤身,听他发怒你挣钱。看在钱的分上,就听听他的吧。

总　结

★遇到上级的指责,要尽快用理性脑面对。

★用"上级挑刺矩阵"帮助区分面对的问题,并做出相应的应对举措。

★做好心理建设,把听老板吐槽看作情绪劳动。

沟通中无意和上级起了冲突怎么办

> "昨天的会议上,老板提出一个方向,我觉得不妥,就在会上提了出来,结果自己太情绪化,语气有点冲。老板听完明显脸沉了下来。看来这是得罪了他,我该怎么办?是装没事还是要去道歉?"

职场里最敏感的沟通就是和上级的沟通。沟通中产生冲突最典型的场景就是开会。

我的一个朋友,最近结合新基建参与一个项目可行性计划。开会的时候,上级可能是听说了某个新方案很好,提出了那个新方案,但是有过实际经验的他,明显感觉这方案不可行。你觉得他该怎么办?

这时,理工出身以及比较耿直的年轻人,就容易直抒胸臆,在现场就指出问题,让上级面子过不去,于是被怼了回来,双方进入辩论模式。然后,老板的脸就沉了下来。到最后你发现,你也不是有意的,就是被情绪所控制了。

如果发生这样的情况,你也意识到了这是得罪上级了,你是装没事,还是去跟上级沟通或道歉?

我相信很多人的选择是装没事,让事情就这么过去了。通常出于这几个原因:

一是不想说。觉得自己在现场的表达有道理，是对的。很可能最终老板也发现自己的想法走不通，也会按更务实的方式做，所以觉得没必要道歉。

二是靠结果。我最后只要把业务做好，没有客户投诉，业绩不差，老板就无可指摘。一次冲突，也就是口角，下次再讨论时你好我好就过去了。

三是不敢说。道歉带来的情绪是内疚，心理研究表明，内疚是能量指数最低的情绪，几乎所有人都不想有这个情绪。如果同时自己也觉得自己没错，不敢又加上了不愿，就更不会去道歉了。

四是不会说。道歉也是有方法和时机的。说得多了显得自己能力低，说得少了又显得不诚恳。最后一想，说了还不如不说，于是就作罢。

这些想法虽然能够理解，但我们也要站到对方角度去思考一下。下面我们来分析一下上级的想法：

第一，人是感受动物。 你可能会觉得，理性的人主要看逻辑，看结果；感性的人才关注态度，关注感受。但现实是，只有机器才会纯看逻辑和结果。上司不是机器，他是一个人，人是动物，动物遇到状况，一定是先触发直觉脑，再点亮情感脑，最后才激活理性脑。即便你有道理，甚至你的上司最终还是无奈地认同了你的逻辑，他依然会有被冒犯的感受。你不处理他的这个感受，那就得他自己去处理。

第二，人心里都有小账本。 我问过不少做管理带团队的上级，如果发生类似的事情，你会不介意吗？大度的他们都说不介意。但是我再问，那如果后边有什么竞聘、加薪，甚至裁员，你会不会对这个下属区别对待？他们眼里闪过一丝狡黠，然后说："当然不会。我都是公平的。"但是，跟我私交好的人就会说真话："其实我心里是有个小账本的。正常情况自然不会对这个员工怎么样，但到了关键时刻、重大时刻，可能这个账本就起作用了。"所以，这也许就是你的上司处理感受的方法。

第三，这事没完成。 有个著名的心理效应叫"蔡戈尼芬效应"。说的是，人们会对一件未完成的事情耿耿于怀，比如：未跟前任说一次分手；准备考试但没考；写本书但没写完……这种耿耿于怀会存在心里很长时间，甚至一辈子。人际交往中也是如此。你跟一个人发生了冲突，也许工作任务已经完成了，但情感的状态不了了之。这时，蔡戈尼芬效应就起作用了。你会觉得未完成，你上级也会觉得未完成，你不去主动完成，那就只能他主动完成。他是主动跟你坦诚沟通，还是主动在未来的晋升环节给你个差评或者在未来的裁员中勾了你的名字，你就无法预知了。

所以，归根结底，与其让你上级主动，不如你主动。你主动沟通的重点不在道歉，而在"主动"，主动把这个未完成的情感问题完成。

那怎么主动沟通呢？我们可以遵循"三要三不要"。

三要

"三要"分别是：要非正式场合；要态度诚恳；要有下一步。

1. 要非正式场合

沟通中的冲突往往是大家非理性的反应，你上级的形象也因此受损，所以你后续的沟通如果太正式，比如在正式会议上郑重其事地说，看上去是做检讨，但细品却更像揭伤疤，反倒显得上级小肚鸡肠，斤斤计较。

因此选择非正式场合沟通为最佳。比如茶水间休息时、午休散步时、中午吃饭时、下班回家路上。同时请注意，这里说的非正式场合，也指不立文字，纯用语言。不要在邮件，乃至微信里做这样的道歉沟通。因为一立文字，事情就变得正式。双方都会尴尬。

合适的情境是，中午吃饭时，跟上级聊个天，聊到这件事，顺势说上几句话，三分钟时间结束就好。

2. 要态度诚恳

所谓态度诚恳，不是说痛哭流涕，把所有的错误都揽到自己头上，也不是再把过去的事分析一遍，我错在哪里，你错在哪里。态度诚恳的核心是"态度"。再强调一下，沟通的目的是让双方的情感能完成，所以重要的是你的态度。

那怎么诚恳呢？我给大家几种"认错"的方法：

承认自己犯傻。并不是说承认自己是个傻瓜，能力差；而是承认自己的认知范围跟上级的不一样，自己看不到上级能看到的世界。比如说，你当时想的是"按上司的方法肯定做不成"，但他想的是"先这么做，这样才能拿到更多资源，最后做不成也没事"，这就是你没站在他的认知下思考，不就是你在"犯傻"吗？多数沟通中的冲突，"犯傻"永远是一个重要原因。

承认自己着急。这是承认自己希望事情能更快地变好，目标能更多快好省地达成。所以，你对别人，包括你的上级，有了更多的期待。期待没实现就着急，就容易生气，就容易顶撞。

承认自己想多了。想多了，就是想了很多不是自己这个角色该思考的事情。比如，大家都知道这样的规则：老板管做正确的事，员工管正确地做事。当员工发现老板做的事"不正确"并提出来，发生冲突时，某种程度上不就是自己"想多了"吗？

既表达了自己的错误，没有推脱责任，又没把不是自己的错误揽到自己头上，去承担更大的责任，这就叫"态度诚恳"。

3. 要有下一步

事后沟通的目的除了情感层面的完结，同时还有一个目的是"翻篇"。翻篇，意味着过去的事情已经过去了，我们不要再被过去的冲突所牵绊和烦恼，而是要一起向前看。

翻篇，不能单在行为上翻篇，继续干活，在语言上也需要翻篇，具体的方式就是：谈谈下一步。

比如可以说："后边我还是按照咱们的计划，做ABC"，或者"这个项目，后边怎么干，您有什么吩咐的，可以直接找我。"

三不要

"三不要"分别是：不要过多解释；不要涉及他人；不要过多提及。

1. 不要过多解释

很多人在做这种沟通时总是爱说"但是"，这个词就是在过多解释。

比如"我之前想多了，想了好多层面的问题，所以言语不当。但是，我想的那些确实有道理，这个方法在客户那就是行不通的……"

这显然不是认错，而是依然在证明自己是对的。越解释，上级就越生气，反而越得罪人。所以，不多解释，点到为止。

2. 不要涉及他人

很多人会这么解释："我之前是想多了，想了好多问题，主要原因是小张跟我说不能这么做……"

我们暂且不说这是某种程度上的推卸责任，即便事情就真如我们说的那样，但我们这么说出来，不是平息事端，而是另起事端。

所以，只说自己的事，简单几句话说完，最重要。

3. 不要过多提及

这种小矛盾，小冲突，事后沟通不是真的要分出对错，而是为了让事情和感情都完成，同时翻篇向前看。但是有些人很爱唠叨，会把过去的事一次又一次拿出来说。这种行为就好像生怕上级没记性，一次次拿

做出好选择

出来提醒。

所以，只沟通一次，然后就立马翻篇。

最后我们总结一下和上司发生冲突这个问题。首先，"意识到"很重要。"意识到"本身就是个能力。相当多职场经验一般的人，发生了这种冲突，无论事前、事中、事后，都意识不到这是一种冲突，这会给对方的情感带来伤害。意识不到，自然就不会事后沟通，那很可能到最后发现"晋升不上去、裁员都有你"时还没想明白是什么原因。

其次，大恩怨来自小冲突。不少人离职的一个主要原因就是和上司的关系。而这种怨恨从哪里来，就是从这种一次又一次的沟通小冲突及小事互相不满意积累起来的。你每一次冲突，都不去做事后沟通，都不去"完成"，那就聚沙成塔，最后来一次大爆发，两边都伤得很深，危及自己的职业生涯。小冲突小处理，就避免了大恩怨大爆发。

总　结

★沟通出现冲突很正常，但一定要事后沟通，目的是为了"情感完成"和"翻篇"。

★事后沟通三要：要非正式场合；要态度诚恳；要有下一步。

★事后沟通三不要：不要过多解释；不要涉及他人；不要多次提及。

如何成为领导喜欢的下属

> "在公司里最难的就是处上下级关系。能得到领导的喜欢和认可几乎是升职加薪的不二法门。那么领导到底喜欢什么样的下属呢?"

易到用车的创始人周航,说过这样一句话:你只能领导你喜欢的人。

这句话是站在一个领导、老板、上级的角度说的,所以得到了很多处于领导位置者的认同。这话说的其实是人性,人们只愿意和喜欢的人一起谈天、共事,愿意他们变得更好。如果你是个下属,你的领导不喜欢你,那他就领导不了你,后果就是很难升职加薪。

我的一个来访者,是某个公司的培训师,一年讲100天课。他也知道他的老板并不喜欢他,他们从兴趣到性格到价值追求都不一样;但是他觉得,至少自己一年能讲这么多天课,赚到不少钱,双方看在钱的分上,也能相处下去。但结果是,当公司发生战略变化时,老板就把他边缘化了。

所以,无论你愿意不愿意成为领导喜欢的人,至少你需要知道,如何成为领导喜欢的人。

做出好选择

想想你会喜欢什么人

领导是人，下属也是人。那我们先想想，一个人会喜欢什么样的人？如果有一个通用的法则，那自然也可以用于职场。

所以，不妨换位思考一下：你自己会喜欢什么样的人？你是怎么喜欢上一个人的？

这里我们刨除恋爱中的喜欢，单说正常的朋友之间的喜欢。我把这种普通人之间的喜欢，分解成四个字：帮、夸、懂、像。

1. 帮：帮我们的人

我女儿刚上小学时，比较害羞，不敢和同学说话，所以很多同学都不爱和她玩。这让她一度相当孤独。在二年级时，有个同学主动找她聊天，两个人一起玩，同学送给她好吃的，于是，她就喜欢上了那个同学。一个好朋友就这样出现了。

显然，那个同学就是帮她的人。

《水浒传》里，最爱帮别人的人是谁？无疑是及时雨宋江。好汉们有了各种合法非法的需求，宋江都会帮，以至于这个绰号传遍了江湖，所以江湖好汉都喜欢宋江。

2. 夸：夸我们的人

夸，网络流行词叫"点赞"，贬义词叫"拍马屁"，但有个人夸你，你会不会高兴？他如果老夸你，你会不会喜欢他？

夸人不单单是一种态度，还是一种能力。如果你的上级做了一个英明决策，特别不会夸的人会说："您这次这个决定还挺厉害的。"一般的人会说："老板英明。"而真正会夸的人会说："太佩服您了，您是改变我人生的人。不知道您是怎么想到的？"

有没有看出这背后的区别?

一个会夸人的人,会让对方觉得你是懂他的。懂他的人才知道怎么夸到对方的心里。

3. 懂:懂我们的人

作为一个职业咨询师,第一个需要的能力就是"懂"对方。当来访者讲到自己觉得经常做琐事和自己想要的目标相悖,想辞职时,我们不能先说"现在这就业环境,千万别辞职",也不能说"辞职吧,我支持你",这都不是"懂"。我会真的设身处地把自己代入对方的工作情景下,体会几分钟,然后说:"确实,换作我是你,在这样的工作环境下工作三个月,都会想走。"

这就是"懂"。当领导提出了一个不合理的要求,不懂的人会心怀牢骚,懂的人会想,换作我是领导,我可能也得这么干。

人们喜欢懂自己的人。懂,意味着他知道怎么夸自己才到位,也意味着知道怎么帮自己才有用。

4. 像:像我们的人

如果你在公交车上,发现另一个人在和你看同样的视频,你是不是会有马上和他聊一下的冲动?这是因为你们可能有着同样的偏好,他在某个行为或认知上像你。

在沟通中,A说话快,B把语速也调整得快一点,A会更容易和B达成一致。这也是因为B很像A。

每个人都会或多或少地自恋。比如照镜子时会多看一会儿自己,这就是自恋的表现。因此,当你很像你的领导,他从你身上看到了过去的自己,他就会喜欢你。

如果你掌握了这四个字,哪怕只掌握其中一个,都会得到另一个人的喜欢。所以,在职场中,不如先"懂"你的领导,这期间模仿他的一言一行让自己变得"像"他，之后经常"夸"他，并在他有需要的时候出现和"帮"他。

下属和领导的关系

既然问题是"如何成为领导喜欢的下属？"，那我们就要再深入讨论一下，领导跟下属的关系是什么样的。

我总结了三个关系，如果下属在这三种关系中占准了位置，也会被领导喜欢。

1. 执行 VS 决策

有句话叫"老板管做正确的事，下属管正确地做事"。

所谓"做正确的事"就是决策；而"正确地做事"就是执行。

职场中的任何一个人，只要升职到管理级别，就多少要承担一点决策的职责，他决策，他的手下执行；同时，他也有执行的职责，他的上级决策，他执行。CEO决策公司战略方向，营销总监执行营销部分的目标计划；营销总监决策营销的策略和目标，营销经理执行品牌目标、活动目标、广告目标；营销经理决策活动策略，营销主管执行整体活动计划；营销主管决策活动如何推进，营销专员执行每个活动任务。

一个整体战略方向就这样被一级一级的领导和下属决策和执行，战略意图才会变成具体目标计划，具体目标计划才能最终实现。

所以一个被领导喜欢的下属，一定是一个会执行的下属。

怎么做好执行，我有一个小建议：持续反馈。

一个执行强的下属的最明显的特征就是反馈。"凡事有交代，件件有着落，事事有回音"说的就是反馈。能不断反馈的下属，会让领导放心。

2. 谋划VS拍板

领导做决策，其实就是在多个选项中做出选择。那这些选项从哪里来？就要下属来提供。

这就是下属跟领导的另一层关系，下属提供多个方案，分析方案利弊，领导决策选哪个方案。优秀下属从来都是领导的顾问军师。

当下属问领导"这个事怎么做"这种开放性问题时，领导心里会闪过一个念头：我知道怎么做，要你干吗？

因此，想让领导喜欢，做一个好的谋划者，我的建议是：出选择题。

下属可以问领导，但是一定不要问开放性问题，而是转变成选择题。从"这件事怎么做"变成"我思考过了，这件事有这几个方案，方案A、方案B、方案C，您看选哪个？"

这特别像古时候军师给主公出计谋，有上策、中策、下策，最后选哪一策，主公定夺。

3. 服务 VS 客户

每份工作都有服务对象，我们可以统称为"客户"。美发师Tony的客户是来美发的顾客，程序员张工的客户是软件用户。在企业里，员工的客户除了其服务的企业外的用户，还有一个重要的客户，就是领导。

那既然是客户，双方的关系就变成了"服务"和"被服务"的关系。

服务由两个字组成："服"和"务"。"服"讲的是心态，"务"讲的是行为。

所以，想让领导喜欢，做一个好的服务方，我的建议是：承认领导是对的。

服务行业有句话：第一条，顾客永远是对的；第二条，如果顾客是错的，请看第一条。既然领导是客户，那出现问题，我们就要承认"你是对的"。这与其说是一种判断，不如说是一种尊重。领导也是人，人都是感情动物，承认"你是对的"，就是在感情上尊重他。

建立心理疆界

看到这里，会有人抬杠：那领导让我做坏事，做违法犯罪的事，为了让他喜欢，我难道也得做了？

这让我想到有人曾经问我："是不是替领导干坏事，才能成为领导的心腹？"对此，我的回答是："绝对不能。"

组织在遇到事时，往往需要有人做恶人。最典型的就是历史上著名的"酷吏"。皇上想整人，但又要维护自己的尊严，就得找酷吏来干脏活。

有些"酷吏"也乐得干这个活。他们以为，干了这个活，就成为皇帝的红人了。

但是，自古以来，酷吏从来都没有好下场。因为每个人都知道这不是什么好事。老板也知道出事要掉坑里，所以自己才不做，让下属操办。一旦这种事张扬出去，第一个牺牲的一定就是执行者，而老板绝对不会把雷扛自己身上。

所以，我前边讲的一切：帮领导也好，出选择题也好，服务领导也好，都有一个最基本的前提条件——有自己的心理疆界。

每个成年人需要明白自己的原则底线在哪里。这些原则就好比我们布设在心理周边的"雷"，无论是谁都不要碰，一碰就要爆炸。"指鹿为马"的故事大家都听说过，如果你是个大臣，你看到一头鹿，非要承认它是马，皇上才能喜欢你，那这不叫喜欢，而是操纵。如果要突破自己的心理疆界才能被"喜欢"，那这种"喜欢"不要也罢。

03 飞来横锅，应该怎么应对

总　结

★任何人都会喜欢"帮我、夸我、懂我、像我"的人。

★下属做这三件事会被领导喜欢：持续反馈、出选择题、承认领导说的对。

★每个人都要有自己的心理疆界，不能为了让领导喜欢突破自己的心理疆界。

工作中为什么往往"会说的"人占便宜

> "我在公司里干活是把好手,勤勤恳恳,但就是不会忽悠领导,我觉得,干得好领导自然看在眼里,那些干活一般,但特别会说的人就是拍马屁,我很瞧不上。但为什么总是他们能升职加薪呢?"

这是很多"不善表达""踏实肯干"的人会遇到的问题。于是一些人开始"黑化",学起了厚黑学,变成了领导的"小粉丝"和"邀功精";而另一些人不屑于这么干,变成了"抱怨鬼",一肚子牢骚憋在心里。

只看事物表象,只能得出表面的结论和无效的改变;多想一层,才能明白真实的原因和改变的动力。

大家都明白"干活"的目的:创造直接价值,解决客户问题。每个公司岗位的职业描述就是每个职业者要干的活。

但很多人却未必了解职场当中"说"的目的,会以为,"说"不就是给领导汇报,吹嘘自己的工作多么重要,吹自己的工作做得多么好,夸领导的决策多么英明吗,可这些目的是什么?有什么用呢?

职场的岗位,可以大致分解成两类:执行者和管理者。执行者,就是执行上级交代的各种任务,达成结果;管理者,就是通过和上级沟通,对下级要求，通过别人完成任务，达成结果。这两类岗位都需要"说"。

执行者的"说"

对于执行者来说，除了干活，和上级"说"的目的有二：

1. 清晰工作界面

企业中多数任务都要依靠多人合作完成。每个人的工作就是整个任务链条中的一个环节，因此就会产生一个工作界面：

A的工作完成后，B的工作才能开启；B的工作结束后，交付给C，C开启下一个环节的工作……

这其中就会出现各种工作细节的对接和澄清。

越清晰的工作界面，越能保证整个任务的衔接连贯高效。反之，如果工作界面不清晰，小则导致重复劳动，延误时间；大则发生事故，项目失败。

这也是为什么项目要开周期汇报会议，要向上级周期汇报，目的就是让项目的所有参与者对接自己的工作界面，让所有人对项目当前的状态认知达成一致。

执行者说的越清晰，工作界面就越清晰，工作效率就越高，任务完成率就越高，业绩也会越高。

2. 让上级放心

上级会信任什么样的下属？

答案是，不是"能力强"的下属，而是让他"放心"的下属。

那什么叫"放心"呢？

我用安装软件这个简单的例子来说明。

大家都会在电脑上安装软件，手机上安装App。在安装的过程中，所有的系统都会让你看到一个东西——滚动条。

滚动条会用各种图标来呈现,比如一个长条,或圆环状,或容器,它们会随着安装进度逐渐变化,让你感觉看到了整个安装过程,目前到了什么程度,还差多少。如果中间出现问题,它会马上出现一个"弹出框",报出错事件、出错编号,甚至会给一个推测原因。

当你看到这个"滚动条",哪怕出现了"出错弹出框",你都会有种掌控感,会很放心。

这个过程就像你作为一个老板,在给你的下属——某操作系统——交代任务,那个下属随时跟你汇报,我到哪里了,我还差多少,我有什么状况。这样,你就会对他很放心。

如果把这个"滚动条"去掉,你安装一个软件,电脑毫无反应,"默默"地安装上了,或者"默默"地失败了。你是不是会很崩溃?

所以,回到我们的工作中,上级交代给我们一个任务,让他放心最好的方式就是在你的脑袋上呈现一个任务滚动条,你做到什么程度,他都一目了然;你工作有问题,他能看到发出的黄灯报警,这样他就对你放心。

如何制造出这个滚动条呢?"说"就是最好的方式。

如果一个人说我觉得自己真的不太擅长面对面沟通,过于胆小害羞,也可以用写的,比如借助邮件、OA、ERP系统,这些信息系统都可以让我们用写字的方式来建立滚动条、清晰工作界面。

所以,作为执行者,把工作说清楚,是个基础能力。

管理者的"说"

当一个人升级到一名管理者时,他不单是自己单独执行工作任务,还会负责更复杂、更多人协作的项目。这时候的"说"的目的,就不单是清晰界面、让上级放心了;说的内容也就不是把事说清了,他还要展现自己项目的价值和成果,以及给自己的上级、客户点赞,因为他要靠"说"实现其他目的。

管理者的工作目的是什么？我举一个例子。

阿里云如今是世界三大云平台之一，是阿里的重要现金牛产品。2020年阿里云的收入破400亿美元，估值770亿美元。但是十年前阿里云刚开始投入时却惨不忍睹。

马云从微软研究院挖来了王坚负责阿里云。马云说："一年投10亿，连续投10年。"听上去很激昂。但是在刚开始的3年，阿里云毫无产出，投的钱连水花都看不到。这使得阿里其他产品线的负责人纷纷质疑阿里云，并出现各种撤掉阿里云团队的信号。此时，如果你是阿里云的负责人，你是闷头继续干，还是去游说老板和各个山头的负责人？

即便格局如马云，几年投钱下来没看到踪影，外加其他业务线的质疑和外部竞争的压力，心里都会有怀疑。彼时稍微一个不慎，就很可能做出撤掉阿里云的决策。所以，作为负责人，就必须要站出来给老板和各个兄弟部门的"经理""画饼""吹牛"和"溜须拍马"，以得到老板的支持，获得更多资源；同时还得给手下兄弟们画饼、打气，以激励团队在无人区继续探索。

当一个有前途的项目周期很长，短期内看不到结果时，作为管理者，一定得"会说"才行。

所以，管理者"说"的目的是：

a. 对老板：得到支持，获取资源；
b. 对同级：平息质疑，交换资源；
c. 对下属：鼓舞士气，激发动力。

对执行者而言，"说"是表达，是把工作说清楚的能力；而作为管理者，"说"就是销售、激励、故事、咨询的复合能力。

这么看，无论是执行者还是管理者，会说的占便宜是完全合理的。

做出好选择

哪些工作不用说

虽然"说"在职场上很重要，但也有一些工作是仅仅靠干活就能拿到收益，基本不用说的。

比如我家请了个保洁阿姨，每周来我家做两次保洁。她干活很麻利，一小时干了好多活。如果这阿姨特别会说，一边干活一边汇报，那估计她干活就干不麻利，还会让我们特别烦，我估计下一次就不约她了。

所以，保洁阿姨这样的工作是不需要会说的。因为就她一个人干，没必要清晰界面；而且她的任务简单，周期短可预知，一小时马上看到结果，不用特地去说然后让人放心。

因此，如果你的工作是不需要多人合作，同时工作任务标准周期短可预知，那就不用说。

比如生产线上的工人，任务标准、每个零件的步骤就几秒钟，操作结果可预知，不用说。

公交司机，一个人完成，任务标准、可预知，也不用说。

但仅限于此。

现在需要"说"的场合太多了，就连送外卖的小哥，除了App上实时显示他在哪里的"滚动条"，他还得和你通两次话，确认你是不是在家？

而如果是个管理类的工作，你不会表达、销售、激励、共情，那后果就是老板不放心，团队没士气，同事常打击，这个工作绝对不长久。

因此，虽然残酷但很现实，会"说"已经是当代职场的一种必备能力。

总 结

★ 执行者"说"的目的是为了清晰工作界面,让上级放心,表达能力是必需能力。

★ 管理者"说"的目的是得到支持、获得资源、激发动力,更需要说。

★ 会说是职场上的必备能力,包括表达、激励、销售、共情、咨询等。

如何判断领导是在培养你,还是在压榨你

> "领导总说我对你高要求是为你好,你要想被公司培养就要能吃苦。可我常常怀疑领导名为培养,实为压榨。怎么判断领导是在培养你,还是在压榨你呢?"

这可能是每个职场人都会遇到的尴尬问题。

曾有人和我说:"这两年领导只给我涨工作量,却丝毫没给我涨工资,然后说这是培养我,这难道不是赤裸裸的压榨吗?"

还有人抱怨:"为什么领导对我旁边的小张就那么好,什么机会都主动想到他,他迟到了领导说一句就过去了,还经常帮他在大领导面前美言,这才是培养好不好?"

当我们想不清这个问题时,我们就会把工作中的所有不如意都判定为"领导在压榨我",而我们期待的"培养"却永远不出现。

要想搞清楚这个问题,就得先回到问题的根本——到底什么是"培养"?什么是"压榨"?

什么是培养

先仔细回忆一下，在进入职场之前，你觉得自己一直"被培养"的地方是哪里？

没错，是学校。

你不会，老师一点一点教。做对了，老师表扬；做错了，老师批评。但不管怎么样，从小学一年级开始，每年都要升一级，每升一级你都要学习更难的东西，学的越来越多，越来越细。这一切都让你有一种感觉：自己懂得越来越多，变厉害了。

所以，培养关系里有一种无法欺骗你的感受叫"成长感"。除了成长感之外，你也会想自己学这些知识是干嘛的？普遍的就是，你学到了知识和技能，能方便之后找工作或用在工作中，这就是成长的结果。

学校的培养带来了过程中的成长感，以及可就业的成长的结果。你想象一下，如果有一所学校一直教你一样东西好多年，却不准你升级，你不会觉得学校在培养你吧？这明显是在耽误你。

如果培养是为了让人成长，那么顺着这个思路我就要想想对方为什么要培养你？为什么要让你成长呢？

还是以学校为例。学校是培养人的地方，老师是教育人的职业。很多时候我们会被一种表象蒙蔽，觉得被学校培养好像是天经地义的事，但其实不然。从职业的角度看，学校的培养本质上也是一种商业交换，学校之所以用心培养你，是因为你交了学费，而且你成长得越好，学校的KPI越亮眼，校长、老师的工作绩效越明显。

所以，对方培养你，至少得让对方从你的成长里得到价值。

这样看来培养关系是一种双赢关系，你获得了成长和结果，对方现在或者未来获得了实际的利益。

那我们再来想想，在公司这个组织里工作，领导、公司为什么要培养我们呢?

我曾经面试过一个销售,面试的时候我问他:"为什么想来我们公司,为什么想做销售这个岗位?"

他斩钉截铁地回答:"因为我觉得贵公司是一个非常好的成长平台,我看重公司的培养机制。销售的岗位特别锻炼人,我这个人比较内向,希望通过销售的工作成长为一个外向的人。"

我说:"好,那明天就来上班吧,但是有一个要求,每个月给公司交8000元钱。"他愣了一下,有些犹豫地问:"这个交的是什么钱呢?那我工资是多少呢?"

我乐了:"这是学费啊,你来公司是为了锻炼和成长,那不是应该你掏钱才对吗?"

这样看,你明白了吧。我们跟公司的关系,本质是交换,我们通过学校里学到的知识技能帮公司解决问题,提供价值,公司给你钱、成就和归属。哪里会有公司单纯培养我们的情况?

而提问者说到的"领导就对他那么好,什么机会都主动想到他,他迟到了领导说一句就过去了,还经常帮他在大领导面前美言",试想如果小张不帮领导解决问题,不得到领导的信任,有哪一个领导会这么做?

你可能会说,很多公司不是也给员工很多培训,还有出国学习的各种机会吗?既然公司不是学校,为什么这么干?

那再讲个故事:

我有个朋友在一家医院做精神科医生,当年进入医院的时候遇到一个去意大利学习进修的机会,去国外学习半年,不仅给全额工资,每月还有高额的生活补助,但是要和医院签一个十年的工作合同,十年内如果离职,就要赔偿医院30万元违约金。我的这位医生朋友为了抓住这个机会想都没想就签了。结果进修完回来,没过几年遇到国内创业潮,他心痒难耐非常想尝试一个与心理相关的创业项目,这30万元违约金就成了拦路虎,让他纠结了大半年,最后他还是选择赔钱走人。

所以，公司花钱给员工做培训，提供进修机会，往往会要求员工在未来以各种形式"还回来"。要么通过服务时间来还，要么用违约金的方式来还。

什么是压榨

再来看看压榨关系。说到压榨，大家的脑海中可能马上会想到奴隶主压榨奴隶，资本家压榨劳工。压榨这个词本身就带着很明显的不平等性，一方强，一方弱，强的一方拿走大量的好处，弱的一方不仅拿的少还没得选。

为什么会出现压榨呢？比如奴隶主压榨奴隶，最直接的原因是因为奴隶的身份，他没有任何选择的权力；100年以前的资本家压榨工人，是因为资本家天然的身份和工业革命时期的垄断体系，工人的选择权被剥夺，形成压榨。

所以，形成压榨背后的核心是：身份差异，导致一方没有选择权。

那我们就问这样一个问题了，当发现老板总给我们加任务，但就不给加薪，我们的选择权被剥夺了吗？

答案是我们有自由的选择权。如果老板这样，那我可以选择离开，换一份工作；或者我选择自己干，创业、做个体户、自己当老板，都可以。

那为什么我们中的一些人依然不这么选择呢？这是因为一些人即便认为这份工作很痛苦，但更看重这份工作可以带来的回报，也许是能力的增长，也许是经验的增加，也许是拥有更多人脉，等等。又或者，我们内心其实知道，所谓其他的选项，要么因为我们能力不足而无法获得，要么我们自己内心也清楚，其他选择背后会更苦。

查理芒格说过，如果你想要什么，得让自己配得上。我们觉得老板压榨还依然在这个老板这儿工作，内心其实已经经过了计算。

了解了培养和压榨的内涵，我有四点建议要给职场中的各位：

做出好选择

第一，看到职场的公平。职场里没有无缘无故的培养，也没有无缘无故的压榨。工作的本质是交易，你卖出你的时间和能力，换回金钱。只要是自愿的交易就一定是大体公平的。大部分情况下，你被公司雇用，都是公平的交易，不存在单纯培养的情况。

第二，可以接受公司培养，但一定得为公司带来价值。公司只会花钱培养跟公司业务相关的内容，既然接受了公司的培养，就需要拿出结果。希望公司更多地培养你，就必须要接受公司在绩效产出上更高的要求，或者竞业禁止协议的束缚。

第三，正视现实，而非被动抱怨。每个人的遭遇，无论是工作任务多待遇少，还是又给机会又给培训，都是现实。现实背后不论是简单的"压榨"还是"培养"，都是每个人在职场和人际关系中的真实价值体现。所以当你抨击老板很黑心，给的钱只够住得起地下室的时候，一个很残酷但必须要接受的现实是，这可能就是你目前的能力能挣到的最多的钱了。一个人能够在职场里发展，能够主动做选择，一个很重要的前提是——正视现实，承认现实。这样，人的心才会平静，才会聚焦到自己真正的目标中，着力提升能力，换来更多的报酬。

第四，学会自我培养，小心掉入自我压榨的陷阱。培养并不依赖于某个特定组织，比如学校或者公司。多数情况下，自我培养才是职场常态。自己给自己提出更高的目标和挑战，不断学习克服重重困难，最终达成目标。在这个过程中既获得了成长感，也达成了成长的结果，同时也为公司创造了更多的价值。但这个成长的过程并不都是让人愉悦的，事实上它全程都伴随着挫败、痛苦和自我怀疑。所以很多职场人工作多年后容易掉入自我压榨的陷阱，徘徊在自己工作的舒适区而不愿接受压力和挑战，最终年复一年做着没啥变化的工作内容。因此才会有那句著名的灵魂之问：你到底是有十年的工作经验，还是一年的工作经验重复用了十年？

总　结

★职场中的压榨和培养是伪命题。职场的本质是交换。

★学校会培养人,但学校也是为了交换。

★压榨的前提是无可选择,而职场中的人是有选择的。

★正视现实,避免自我压榨。

领导给我的岗位，和我自己的发展目标冲突怎么办

> "面试时的岗位跟实际入职的岗位不同，我应该接受吗？
>
> 公司/部门战略转向，让我去做新的岗位，和我的职业目标不一致，我要去吗？
>
> 上司跳槽了，新来的上司给我指了个新岗位，我不知道该怎么办？"

我在咨询中经常会被问到这三个问题，第一种情况是面试后可能会遇到，你面试的岗位和最终入职的岗位不一样。

我当年就遇到过，面试的是培训岗，结果入职的时候才被告知要先去做一个月电话销售，而且要业绩达标才能回去做培训。公司给的理由也很合理：做业务培训不能不懂一线业务。当时和我一同入职的还有两个人，一个直接就拒绝走人了，另一位坚持了一个星期走人了。我扛了整整一个月，在最后考核日那天终于达成了业绩目标，顺利回到培训岗。

第二种情况是公司或者部门的战略转向，安排你去做新岗位，可能和你之前的职业目标不一样。不幸，我也遇到过。当时培训做得好好的，刚晋升培训经理半年，总部的HR找我谈话，想外派我去分公司做行政副总。如果同意意味着以后的职业路径可能和培训没什么关系了。我考虑了很久，最终没有去。

第三种情况是新领导来给你指派新岗位，可能和你之前的预期不一样。

无论是哪一种情况，你都要做出选择，是接受还是反对。那如何考虑才能做出对的选择呢？我们从三个方面来分析。

是否能拓宽职业边界

"路径依赖"是诺贝尔经济学奖获得者道格拉斯·诺斯提出的一种理论：一旦人们做了某种选择，就好比走上了一条不归之路，惯性的力量会使这一选择不断自我强化，并让你轻易走不出去。

在职业规划咨询里，我经常见到"路径依赖"的困境。我曾经给一个动物医学的女博士做咨询，她的经历让我印象深刻。

她来找我咨询的问题是：动物医学博士毕业发现就业困难，应该怎么办？

详聊之下才明白，她博士毕业，不想本专业就业，跨专业就业又很难。她不想本专业就业的理由也是我前所未闻的：不喜欢动物。

"既然不喜欢动物，为什么要读动物医学？为什么还要读到博士？"

她叹了口气说："高考的时候第一志愿没录取，被调剂到这个专业的，本来想复读一年的，但是老师劝我，学校是名校，复读一年不见得能去这么好的学校。犹豫再三去读了这个专业，本科毕业的时候对就业很迷茫，又不想本专业就业，但不知道能去做什么。大家都考研，我稀里糊涂跟着考，结果就读研了，研究生毕业还是要面临就业的问题，导师和我说，可以试试药理学方向的博士……"

在这个咨询案例里，当事人就是吃了"路径依赖"的亏，因为开始的专业选择错误，没有及时止损，结果后续的所有选择都依赖错误的路径越走越远，直到错误不可挽回。

如果你对自己的职业未来有坚定的目标，这是好事，但是也要小心职业选择的"路径依赖"。

领导给你的岗位,你是否要接受,很重要的一条就是新岗位是否拓宽了你的职业边界,但又没有完全脱离过往的职业经历。比如人力资源转去做销售,这个就不是扩大了职业边界,而是完全换了一个职业领域。在新岗位上你不仅没有竞争力,还有可能浪费过往岗位的积累。如果你是销售,转去做销售培训,相当于在销售经验的基础上增加了培训技能,这就是扩大了职业边界,未来遇到职业转型的时候就会多一条职业路径和职业选择。

所以面对职业目标冲突时,领导给的岗位不一定不好,关键要看是否让自己未来的职业路径既有持续的积累,又有更多的可能性。

关注人生任务

在职场中并不是人人都有清晰的职业目标,如果你自己没有坚定的目标,又不太确定领导给的岗位是否真的是自己想要的。这个时候就需要你扩大眼界,从人生全局去思考这个问题。

大部分人理解的职业发展都是职位的变化,比如从员工到主管、经理、总监、副总裁,或者从小公司到大公司。但是很少有人去想,我们不断升职加薪的目的是什么呢?你可能会下意识地说,这不是明摆着的嘛,过更好的生活啊。但问题就在这,"更好的生活"到底是什么呢?是更有钱,但是更忙更累吗?

在回答这个问题之前,先请大家看一组数:18,23,30,38,45。如果这组数代表年龄,请想想看,几个年龄有什么含义?

对于普通中国人,这几个年龄是重大压力节点。

18岁左右,几乎所有的亲戚朋友见面,普遍关心的是你的学习成绩:学习怎么样啊?考的什么学校啊?

23岁左右,压力变成了工作。亲友见面开始问工作了:什么单位?收入多少?

30岁左右要面对婚育压力：有没有对象？什么时候一胎，什么时候二胎？

38岁左右是孩子上学的压力：上什么学校？上什么辅导班？

45岁左右是上有老，下有小的压力。

人的职业发展是有两条线的，一条明线，一条暗线。明线是在职场的晋升和收入，就是俗话说的升职加薪。暗线是每个阶段要面临的人生任务和压力。仔细想想看，大部分人努力发展明线的目的都是为了更好地完成暗线的人生任务。

所以，如果你自己没有明确的目标，怎么判断要不要接受领导的岗位呢？这就需要你评估，新岗位是否能帮助你更好地完成这个阶段的人生任务。

比如：在20多岁时能让你收入提升；在30多岁时能让你有更多的时间去恋爱和婚育；在38岁左右时能让你为孩子争取到更多的优质教育资源；在45岁时能让你有足够的时间和精力照顾父母。

如果新岗位不能帮你缓解这个阶段的人生任务压力，你就要慎重考虑，小心选择。

主动积累资源

能够主动做出选择当然是最好的，但万一你没得选，必须听领导的，哪怕是自己不喜欢的岗位也得硬着头皮上，该怎么办？

我就正好遇到过这样一个案例。

有一个小伙子在一家培训公司做培训助理。教务加助理，很多杂活他都干。他的职业目标就是成为一名专业讲师，公司的老板也答应他如果有合适的机会会让他转岗。他在这家公司兢兢业业地工作了五年，眼看时机成熟了，他向老板提出了转岗讲师的要求，但是他们公司和一个很大的知识变现平台合作开网络课程，他老板希望他负责这个项目的运营，他不愿意，因为还是想去做讲师，双方陷入僵持。他就来咨询我该怎么办。

我问他："直接拒绝老板，不去这个岗位会怎么样？"

他说："我老板很小心眼，如果直接拒绝，估计我内部转岗讲师的机会也没了。"

我接着给出建议："那换家公司呢？直接去面试讲师。"

他摇头："这个我想过，一方面我觉得自己能力还不行，另一方面毕竟在这里工作了这么久，如果直接离职，前面的投入就白费了，有些不甘心。"

我说："那这么说来，只能接受这个任务了。"

他满眼期待地看着我："所以来咨询您啊。"

这次轮到我摇头了："看来也没别的路，不过我们换个角度想，如果你必须要去，你觉得这个新岗位对你未来做讲师有哪些好处？"

他拿起笔详细地罗列了一下：

·能够学习到打磨网课的全套流程，未来自己做网课的时候至少知道怎么做。

·可以看到不同老师的网络授课风格，如果以后自己做网课能知道哪种风格更适合网络课程。

·讲师需要个人品牌，我认识了平台的对接人，以后自己做个人品牌的时候可能用得上。

我趁热打铁："所以这么看，如果没得选，这个岗位还是对你未来做讲师有很多好处的。只不过你在工作的时候，需要多注意这方面的资源。主动积累永远好过被动混日子，对吧？"

于是他接受了老板的新任务。一年以后我在网络上看到了他的网课，他终于顺利转岗讲师了。

这背后的思考方式叫"抓关键点"。老板让他转运营似乎离他成为讲师很远，但却是达到最终目标的关键点。只要这个节点有价值，那就值得去做。

大家不妨想想高考，你大学的很多专业根本用不上你高考学的某科知识。比如：我大学专业是通信工程，根本没有化学知识；小明大学学工商管理，根本没有地理知识。但是高考还是会考，因为高考也是个"关键点"，我们只有绕过这个点才能达到彼岸，所以还是得咬牙干。

> **总　结**
>
> ★小心路径依赖，拓宽职业边界。
> ★关注人生任务，要"两条腿"走路。
> ★被迫选择也可以主动积累资源。

跟客户的意见有冲突，应该坚持自己的专业判断，还是听客户的

> "我工作两年了，有一个问题困惑了我很久。我自己是做平面设计的，总会遇到一些不懂还瞎指挥的客户。他们一边说尊重专业设计的意见，一边又指手画脚，改这改那。有一次客户非要让我按照他的意见改方案，结果做出来之后又不满意，投诉我不专业，没有及时给出修改意见。遇到这种事情应该怎么办呢？感觉好像怎么做都不对啊！"

在设计领域，乙方普遍认为甲方是不够专业的，如果你没有一定的说服技巧，就会发现甲方会有一系列奇奇怪怪的修改要求。比如：

LOGO放大的同时能不能缩小一点。

我感觉这个大小不合适，整体大一点，但是所占的面积要小一点。

这个黑不是我想要的那种，我想要五彩斑斓的黑。

……

不只是设计岗位，职场中很多工作都遇到过奇葩的甲方。在和甲方沟通这件事情上，我深有体会。我常常会被企业邀请去给企业里的员工或者管理者讲授个人职业发展课程。每次在沟通培训需求的时候，跟我对接的

HR基本上都会重复一句话："千万不能把员工讲离职了啊,但是我们希望你的课程能够激发员工的内动力,真正让员工明白要为自己工作,最好是心甘情愿地加班,全力以赴地努力。"

每次听完这句话,我都有种感觉,我觉得他们不需要我来给员工讲什么职业生涯规划,他们需要我给员工种上"生死符"。我们不能直接说客户的想法是错的,否则客户就不找我们讲课,我们就失业了。但我们也不能完全按照客户的要求亦步亦趋,否则现场效果会很崩溃。

有种说法是:专业人士的工作,都是戴着脚镣跳舞。客户给戴的是脚镣,但专业人士依然能舞出妖娆。那怎么跳好这支舞呢?

什么是专业

作为专业人士,我们内心肯定都相信自己才是专业的。但是我们要清楚:自我评价的专业和客户认为的专业完全是两回事。

对于专业的评价有三个方面:自我评价、利益无关方评价、利益相关方评价。

1. 自我评价

自我评价是我们对自己能力或者工作结果优劣的自我评估。比如,只要我们完成一项工作任务,我自己会在心里打一个基本的分数。当然,这个评价可能高也可能低,并不客观。

2. 利益无关方评价

利益无关方评价是在工作任务这件事上,和你没有直接相关利益的人给出的评价。比如,你的朋友、家人,甚至路人。如果你问你的家人、朋友,自己专业水平如何,他们多半会称赞你很棒。因此,利益无关方的评价,可供参考的价值并不高。

3. 利益相关方评价

利益相关方评价是在工作任务这件事上，和你有直接利益关系的人给出的评价。比如一家饭店好不好吃，顾客说了算。一门课程老师讲得好不好，学员说了算。同样的道理，你是不是很专业，客户最有评价权。

专业人士很容易被误导，一个方案，自我感觉非常好，同事也觉得很不错，给你打气和肯定。结果拿着方案见了客户，被客户一顿批评。这个时候你很容易得出结论：客户白痴，不懂瞎说。但你应该明白，你觉得好的，同事朋友觉得好的，不一定是真的好，肯付你钱还说你好的，才是真的好。

西瓜甜不甜，西瓜说了不算，看客说了也不算，买西瓜人的舌头说了才算。

建立关系

在做咨询中，咨询师并不会马上和来访者接触。而是会在正式咨询之前花至少20分钟时间做前期沟通。这些沟通是要把咨询的原则、风险、后果，都和客户讲清楚。这就是在建立信任关系。通过这种沟通，会让客户信任咨询师，觉得他们是专业的。之后再开始做咨询，中间的"阻抗"就会小很多。

实际上，这种"建立关系"适用于各种专业服务。

以设计师为例，他们可能是最难的专业者，毕竟客户的认知是"我就找你设计个LOGO，你收这么多钱，那必须做到让我满意为止"。

可我最近看到一家设计公司，他们有个视频号，点赞数特别高。他们在里面把自己过去设计的一些奇葩要求的LOGO展现出来，提前让客户看到，目的就是提前建立信任关系。客户一看到这些设计，很难会提那种"五彩斑斓的黑"这类奇葩要求。

具体怎么建立信任关系，关键有三点：

1. 呈现社会公信力

什么叫社会公信力？就是不用你自己吹，而是有个大家都认可的标准。你只要证明自己远超这个标准，客户的信任就能建立起来。

专业者的社会公信力都有什么？

高学历：他是个名校博士；

强认证：这个审计师是CFA（特许金融分析师）；

大厂：这个设计师曾经在奥美做了5年；

出版物：他写了三本书，很专业，口碑很好；

2. 提前试用"小样"

比如提前把课程视频给客户看，就是提前给了个"小样"，客户试用感觉好，可以付费买服务。设计师、摄影师会提前给客户发曾经的相关作品，这也是"小样"，客户觉得很对口味，再付费买服务。

3. 量化服务内容

"做到你满意"，这个说法相当不可靠。因为"满意"的标准无法量化。

能量化的内容要尽可能提前量化，比如可以这样说：我们出三个方案，您选一个，如有修改意见，可以修改五次；这个商标，我们申请的通过率是70%；等等。

做到前面三点，依然会有那种特别较劲，或者真的就是想戏要你的客户。但如果你是个专业者，你其实能统计出这类客户的比例。有的行业不过5%，有的行业不过1%。

实际上这类客户就是"呆坏账"。企业在做年度财务账目时，都会计提呆坏账，把一笔坏账费用作为准备。目的就是预估掉这笔坏账。

做出好选择

当你先把这部分客户当作呆坏账计提,一切就在你的心理承受范围了。

那些真的承诺"做到你满意,不满意全额退款"的专业人士,是因为他们能够算出来真退款的比例,并且早就计提,放在自己的成本里了。

总　结

★ 专不专业,客户说了算。谁花钱,谁最有评价权。
★ "建立关系"也是专业任务。

领导不兑现奖励承诺怎么办

> "我去年年初接手了销售经理的岗位,带一个5人的团队。领导说新岗位直接涨工资不符合公司的管理规定,所以和我商量薪水暂时不变,但是许诺如果今年部门业绩好,年终奖绝对不会少。我没多想就同意了。结果年底的时候领导说年终奖没有了,因为另一个业务部门业绩没完成,所以所有部门的年终奖都取消了。我觉得很不公平,但好像除了威胁辞职走人也没有别的办法,我该怎么办?"

只要你有过几年工作经验,估计都难免会遇到领导承诺奖励不兑现的情况。中国传统文化特别看重"信",上下级之间的信任本来就是在一点点的磨合中积累的,而一旦出现领导承诺不兑现,就是一次"信任危机大爆发",特别是在高额年终奖这类事上。根据我多年咨询的统计分析,相当多人离职的深层原因,就是这个所谓的"不兑现奖励承诺"。

我们的心理路径是这样的:

领导给了我一个承诺:"好好干,不会亏待你。"领导一定会守信用。

我这段时间干活很拼,也很努力,业绩也不错,估计年终怎么也能拿个大奖金。

结果到了年终,领导跟什么事都没发生一样,完全忽略了这件事。

是可忍，孰不可忍，我们没有信任了，辞职！

但真实世界的情况真是这样的吗？

区分"奖励承诺"和"奖励姿态"

其实很多人真的是误会领导了，大多数时候领导只是展现了一种奖励姿态，并不见得真的是做出了承诺。奖励姿态和奖励承诺，完全是两回事。

领导经常挂在嘴边，也最容易让员工误会的奖励姿态是："小王啊，好好干，以后绝不会亏待你。"这句话真切地展示了中文含蓄表达的精髓。"绝不会亏待你"听着真有那么一股义薄云天、一言九鼎的豪气。但是你仔细推敲下，其实领导什么也没承诺。

而且，还得注意，"绝不亏待你"是有条件的，你得先"好好干"。那怎么才是"好好干"呢？具体是什么标准呢？领导也没说。所以最后真的"亏待了"你，领导一句"你让我很失望啊"，也完全可以自圆其说。

类似的奖励姿态包括但不限于：

"小王啊，你好好干，我看你前途无量啊。"

"小王啊，这一批员工里，我最看好你哦。"

"小王啊，你可是部门/公司重点培养对象，要努力啊。"

这样语句你应该听过不少，让你一听就觉得自己未来前途远大，很快就能升职加薪，走上人生巅峰。但这其实是一种"脑补"。

这些都只是领导的一种奖励态度，完全不是奖励承诺。

奖励姿态的精髓在于一定很模糊，首先让领导满意的标准是模糊的，比如好好干、加油、努力等等。其次奖励的内容是模糊的，比如看好你、前途无量、绝不亏待你。最后兑现奖励的时间也很模糊，比如以后、未来、总有一天之类的。

真正的奖励承诺正好和奖励姿态相反，一定有具体细节。以文章开头的案例为例,"如果部门业绩好,年终奖绝对不会少",领导给出的其实是典型的奖励姿态,仔细想想就会发现,丝毫没有细节,老板一开始就没打算真的给奖励。"业绩好"到底是多少呢?"年终奖不会少"到底会给多少呢?这些细节都没有,你没多想就答应了,失望就是必然结果。

那如果老板给了具体的奖励承诺,所有的细节都有,最后还是不兑现,该怎么办呢?

区分"口头承诺"和"书面承诺"

任何口头的许诺,无论对方讲得多么详细具体,多么诚恳真实,只要没有落在白纸黑字上,就始终有很大风险。

原因有两个:第一,环境和人都在变;第二,因为没有证据,所以没有维权的条件。

中国有句老话叫"此一时,彼一时",领导给你奖励承诺的时候是有初始条件的,在这个初始条件下,领导觉得可以给你这些奖励。但过了半年你真的达标了,需要领导兑现奖励的时候,环境却已经变了。领导的心态也会发生变化,当年口头许诺的君子协定可能也不想认了。

我有一个朋友小马,还是实习生的时候就决心加入一家IT创业公司。他很努力,也很聪明,在这家公司兢兢业业一路从实习生做到部门经理,跟了老板6年。在第7年的时候遇到公司人事大变动,高管、骨干员工半年之内离职了2/3。

他的老板挨个跟管理层谈话,希望能稳住团队。毕竟这种伤筋动骨的大变动对公司业务影响还是很大的。小马那段时间也犹豫要不要离职,但经不住老板的掏心掏肺,最重要的是,老板给了他非常详细的许诺:让你接管所有的运营团队,做CEO,薪水增加,一年后根据业绩还有大几十万的年终分红。

小马动心了,他的原话是:"我毕竟跟了老板6年,知道他的人品没问题。"当然，所有的这些都没有落到白纸黑字上，连个第三方见证都没有，完全是两人的口头协定。

后面的剧情并没按照小马预想的方向发展，升职加薪的戏码是都兑现了，只是年底分钱的时候，老板为难了。这个口头协议老板是认的，但是在这期间领导招了一个新团队开拓业务，新团队的负责人听说了这个分红，就给老板上了眼药。

于是，老板又一次地和小马掏心掏肺："此一时彼一时，你要顾全大局，我不是不想给你，我很为难，万一他带团队走，公司又要动荡了。"

小马这个时候才傻了眼，这笔钱不是个小数目，可是二线城市的一套房的首付啊。但是，他没办法，因为他们之间只有口头协定，小马没有任何证据。他一气之下提了离职，结果万万没想到，老板连挽留的姿态都没有。

小马跟我抱怨这件事的时候满眼的幽怨。然后我问小马："如果换作你是老板，你会给这个高管兑现承诺吗？"

小马一想就明白了。这背后其实是多个原因的叠加：

一是口头承诺难以取证。老板光给了一个口头承诺，尽管有具体细节，但真的兑现时，老板食言，他也没招。法律规则会大大降低老板的违约成本。

二是小马高看了自己。老板心里计算的，永远不是承诺要不要兑现，而是成本。老板在衡量兑现承诺的成本跟不兑现承诺小马离职的成本哪个更大。从这次事件看，明显小马的不可替代性并没有他想的那么强。如果小马一旦辞职就会给公司带来几百万的损失，那老板一定是一咬牙兑现了奖励承诺再说。从这个角度说，是小马高看了自己。

三是老板并未全食言。其实老板这一年所做的，对于小马而言，并非毫无助力。他给小马升职加薪，算是部分兑现了承诺。即便最后的分红没给到，也没装傻充愣，还是跟小马推心置腹地谈了一次。这多少说明老板心里有之前的承诺，也愿意跟小马共同商量出一个双赢的方法。这么看，老板的人品没有大毛病。

小马跟我说,以后再遇到这类承诺,一定要落实到纸上,哪怕发个邮件让领导确认一下也好。

但我其实不这么看。这种发邮件、写合同的做法更适合公司与公司之间的协议。而在公司内部,这么做则未必是好棋。老板一旦看到你使这招,心里立马生了一层芥蒂。且不说老板不签这个字,即便签了这个字,日后一旦兑现,兑现之日,也许就是小马离开之时。

所以,小马要事先衡量这个分红的数字是否值得做个笔头文书。如果这个分红真的很考验人性,那做个试探,即便跟老板发生了龃龉,自己也是值得的。

但如果老板不兑现承诺的结果已经产生,小马还有没有好的补救方式呢?

具备成本意识,学会谈判

有一次我被邀请去一个职业发展论坛做主题演讲。在嘉宾提问环节有一位观众说她是一家公司的销售,因为离职,老板心生不满克扣了她的销售提成。她想要回这笔钱,但是不知道怎么办?

现场的其他嘉宾大概给了三个思路:思路一,收集证据走法律程序,比如劳动仲裁,甚至起诉;思路二,动之以情,晓之以理,每天都去公司闹,不信他不给你;思路三,可以向媒体曝光,寻求媒体的帮助。

轮到我的时候,我问了一个关键的问题:到底克扣了你多少钱?不是说大家的那些思路不对,关键得看值不值。如果只有几千块,我的建议很简单:算了吧。早点忘记这个事赶紧开始新工作。

你要跟公司走法律流程,且不说能要回多少钱,算上投入的精力和时间,非常不划算。大点的公司都有专门的法务,他们每天的工作就是陪着你打官司走法律流程,公司法务干这件事的目的就是杀鸡儆猴,用一次官司处理掉未来可能的隐患，所以他耗得起。但你要工作要挣钱，这些都是时间，你耗不起，为这几千块何必呢？

同样的，每天去公司闹，找媒体曝光都是杀敌一千自损八百的买卖。公平正义很重要，但是也得看为实现公平正义你要付出多大的代价。

维权要有成本意识，千万不要一根筋。

那如果你和小马一样，损失的是大几十万，除了花大价钱维权和认栽就没有别的办法了吗？

实际上，当领导能降下身段跟你讨论这个奖励时，这本身就是一次谈判。

既然是谈判，那就是有的谈。

比如小马的案例中，老板有自己的苦衷，不能兑现年终奖。但老板愿意谈，那就意味着老板或许愿意给其他的条件。比如：

a. 少给点分红，大几十万给不了，小几十万行不行？
b. 不给钱，换成期权，未来兑现可以吗？
c. 不给利益给机会，公司出钱让你读个书，链接更高端人脉可以吗？

既然是谈判，你就要评估好自己的筹码，想清楚自己的目的和底线，谈成一个更合适的约定。重要的是，在谈的过程中，你会越来越清楚自己在老板眼里的身价。

这难道不也是一次有效的自我定位吗？

03 飞来横锅,应该怎么应对

总　结

★区分奖励承诺和奖励姿态,奖励姿态是虚的,不具体,奖励承诺则相反。

★区分"口头承诺"和"书面承诺"。

★具备成本意识,学会评估自己的筹码,和领导谈判。

百转千回,如何更进一步

关于成长与晋升

为什么我很努力了，就是赚不到钱

> "我一直相信天道酬勤，工作到现在有五年时间了，可是我的收入一直徘徊不前，有人说要不断跳槽才能涨工资，有人说要坚持一件事一万小时，收入才能有巨大的突破。我很困惑，为什么我很努力了，就是赚不到钱？"

我做的职业咨询案例越多，越有一种感觉：赚钱有时候和努力关系并不大。或者说，努力决定了赚钱的下限，但决定赚钱上限的，却是方向。

职业的本质

大家有没有想过一个问题：职业到底是什么？百度百科给出的解释是：职业，即个人所从事的服务于社会并作为主要生活来源的工作。

我用大白话解释一下就是：一个人的职业之所以能够存在，根本上在于他的职业解决了别人的某个问题。比如，出租车司机解决了你想出门但是懒得走的问题，外卖小哥解决了你想吃饭但是懒得出门的问题，医生解决了你生病痛苦的问题，老师解决了你想学习知识没方法没人监督的问题。

如果把这些问题简单分类,可以分为两类:

一类是小烦恼,能解决最好,不能解决也能忍。

另一类是大麻烦:不解决很痛苦,甚至威胁生存;解决了很享受,理想实现,春暖花开。

我的一个朋友是某心理咨询公司的总监。他和我说,十几年以前,心理咨询行业在中国青黄不接。那时候没几个人愿意去做心理咨询,人们心理遇到了问题,只要不是精神病,都会认为是小烦恼,忍忍就过去了,最多找个朋友喝顿酒。所以,心理咨询师不赚钱。那心理咨询公司怎么活下去呢?心理问题对个体是小烦恼,但从事一个职业却是一些人的大麻烦,所以心理咨询公司那时的主要业务就是做心理咨询师的培训。从证书认证到训练营,到长期督导,目的是培养一个心理咨询师。这个业务解决了人们想成为一个心理咨询师的问题。这个问题对很多人来说是个大麻烦。学成了,有了认证就能执业,这个价值感相当高。

到了最近几年,这个情况有了改善。大城市的年轻人越来越坦然地面对心理咨询,心理问题逐渐变成了人们的大麻烦。

解决小烦恼靠量,解决大麻烦靠质

我们的职业是解决别人的小烦恼,或者解决别人的大麻烦。

以英语老师为例,同样是教授英语,为什么有的老师一节课好几千,有的老师一节课还不到一百元。很多人以为是老师的英语水平决定了收入差距。但如果你理解了我前面讲的"小烦恼和大麻烦"理论,就会明白,最主要的因素其实是英语老师解决了学员的什么问题。

英语课程里最值钱的是GRE、托福、雅思、高考之类的课程,这类课程都是解决学生的大麻烦的。成绩高一些就能让学生去更好的学校,或者拿到足额奖学金,学生和家长当然愿意出更多的钱。

最便宜的课程是没什么具体结果的成长类英语课,比如看电影学英语之类的。这类课程学生本身也没有具体的学习目标，要么是为了缓解生活焦虑，要么就是为了消磨时间。所以这类课程价格上很难卖高价，往往都是靠低价加营销产生影响力。

所以，你会看到，很多看电影学英语的课程都是知识付费模式，不超过100元，但一定要用营销力量推广到各个平台，尽可能带来几万几十万销量。但高考英语就不是这样，高价小班教学、名师一对一补习的价格都很高，不过只要老师提供高质量服务，能让孩子提分，家长愿意花高价。

我有一个朋友是精神科医生，然后出来创业。他非常擅长催眠和减压，来找我做咨询，说想做个培训课，解决职场人的睡眠和压力问题。我听完他的计划就劝他别做。因为睡眠和压力对职场人来说只是"小烦恼"，如果你开课程和咨询，卖不了多高的价格。不是说解决"小烦恼"没有必要或没前途，而是要用营销思维带来流量，比如写本书，做一些实惠的网课。可以卖得便宜，但是要多走量。

那如果还是要做培训的课程，一对一的服务，该卖给谁呢？答案是：高考的学生或者考研的学生。因为这些人的睡眠质量和压力都是"大麻烦"，你投入时间精力，提供高质量白手套级服务，自然高定价。

后来这个朋友听了我的建议，写了一本书叫《秒睡》，教授大家改善睡眠的小方法，一上线就非常火爆，成了当时当当网新书榜的销量冠军。

好的赚钱模式是"全都会"

我自己常年在企业讲职业规划类的课程，刚开始的时候企业的课时价很低，一天2 000元~3 000元我都去。开始的时候我以为是我讲课水平不行，后来水平高了也就只有8 000元~10 000元一天，感觉自己遇到了瓶颈。后来我才明白，我的课程名称都是"员工职业规划""如何更好适应工作""克服职业倦怠"之类的，光看名字就知道，这是企业的"小烦恼"，所以企业并不愿出太多钱。

于是后来我改变了策略，专门给企业的员工讲人才激励，给企业的管理者讲如何辅导人才发展，主题都是六个字：留下来，好好干。结果，企业的反馈非常好。终于，我的市场报价也到了3万一天，为什么？因为我解决了企业的"大麻烦"——新员工的留存和管理者的管理能力提升。

但这样做的问题是，我的课程影响力只能靠口口相传。所以培训业务有忙有闲。要想有更大发展比较难。于是我动了解决"小烦恼"的心思。

我跟马老师做了很多"职业规划""人才发展""职业转型"的微课、卡片、手册，标价几块、几十、一百多不等。目的是扩大影响力，产生营销价值，让更多企业看到我们的服务。这些解决小烦恼的低价产品，企业和个人很容易接受。由此带来了更多流量。

行业专家钻研技术，提升能力很重要。但更重要的是要不断地思考自己到底要解决谁的什么大麻烦，然后用什么产品解决谁的小烦恼。方向对了，努力才真的会赚到钱。

总　结

★职业的本质就是解决别人的小烦恼或者大麻烦。

★解决小烦恼用产品化思维提升变现效率，解决大麻烦要多投入时间和精力，提高单价。

★把小烦恼和大麻烦组合起来形成组合拳。

听了很多课，看了很多书，为什么生活还是没有大的改变

> "我对学习的热情总是一阵一阵的，平时工作之余，也报名学习了很多课程，比如英语、演讲之类的课程。但是总是坚持不下来。我也下了很大的决心，结果大多数课程都是不了了之，我听了很多课，看了很多书，为什么生活还是没有太大的改变？"

我的朋友圈里有一类人，光看他发的内容，很难判断他是做什么的。今天写文章分析直播带货的商业模式，讲得头头是道；明天又晒出了自己听演讲网络课程的听课笔记。今天看到他说在现场听罗辑思维的演讲，明天又出现在吴晓波的读书会上。每天打卡那都是小儿科，早上必是"元气满满的一天"，晚上必对充实的自己道一声"晚安"。外加一句"越努力越幸运"。

一年过去，他每天发的还是这些，但是好像生活没啥变化。

这类人就是"听了很多道理，还是过不好这一生"的典型代表。也不能说他们不努力，毕竟他们确实每天都在努力学习，自带满满的正能量。这种"学习成瘾症"患者为什么得不到想要的结果，很重要的一点是，他

们对学习这件事本身的认识太过肤浅。

学习可分为两种类型，即消费型学习和生产型学习，两者并无优劣之分，只是指向的目的不同，下面我们就来具体分析。

消费型学习

我特别害怕这样一类学员：我开什么课，他都会来学。每次见到这些学员，我都有一种"怎么是你，怎么又是你"的感慨。

有一次我实在忍不住，问了一位学员："你学了我这么多课，生活有改变吗？"他毫不犹豫地回答说："有啊，我更开心了。"这让我很迷惑，我讲的可都是职业规划类的内容，怎么就只让人更开心了呢？

后来讲课的时间久了，见过各种各样的学员，我发现那些我开什么课都来的学员，不见得就是想通过课程改变生活，他们想要的只是一种感觉：我变得更好了。

我给这种学习起了一个名字：消费型学习。消费型学习有一个典型的特征，学习结果指向自我。这会带来两个结果：第一，解决自己的某个问题；第二，让自我感觉更好。

我们去学习某个课程或者某个技能的动力，一般是遇到了某个问题，不得不去学习。比如，你可能晋升到了管理岗位，但是没有管理经验，工作自然一塌糊涂，上司不满意，自己也很辛苦，于是萌发一个想法——不如去听听课，看看书。

这个过程就是一个消费过程，你花钱，花时间学习知识或者一项能力，解决自己的问题。

还有一种情况就是你可能没有需要解决的问题，但是对自己某个方面不太满意，希望通过学习改变，让自己变得更好，也就是大家所说的"成长"。

网上有个段子，缓解现代年轻人焦虑的三大行为是：学英语、办健身卡和买书。这三件事我都做过。尤其是学英语,在国内那真的是全民学习热潮,但真正学好的没几个。当然,也包括我自己,我甚至总结出了一个英语学习爱好者的暗号:abandon,只要背过单词表,肯定记得这个单词。它在单词表第一个单词,巧的是,它的意思叫"放弃"。

这种学习买的就是一种"成长感",所以,只要你开始有"我在成长,我在学习"的这种感觉时,大脑就会得到满足的信号,学习动力自然就下降了。

生产型学习

以学英语为例。如果是消费型学习,你可能希望通过学习英语让自己变得更酷,让自己成为受欢迎的人;或者能够看更多的第一手国外资讯;等等。这些都是指向自我的学习目的,根本上都是通过消费,让自己变得更好。

生产型学习和消费型学习最大的不同在于,它学习的结果和目标不是指向自我,而是指向他人,为了解决他人的问题。

同样是学习英语,生产型的英语学习,是在学习之前就要明确,自己学习英语是为了解决谁的什么问题。比如,你希望通过学习英语,解决老外来中国旅游时语言不通的问题,这就将你的学习指向了英语导游这个非常具体的岗位。又或者你希望通过英语学习,解决提高中国考生托福分数的问题,你的学习目标就是英语老师这个岗位。

生产型学习有两个明显的好处:第一,目标达成的考核标准清晰明确;第二,学习的价值回报清晰明确。

学习目标达成的考核标准越清晰明确,我们实现的可能性越大。要想成为英语老师,那就要掌握专业技能,获得教师资格证;想成为英语导游,就要获得导游证。这种考核标准是很明确的。在开始学习的阶段,我们都会给自己制定一个学习目标。比如,学习英语的目标是说一口流利的英语，学演讲的目标是成为一个说话有魅力的人。但这些目标描述的都是一种状态，根本无法量化考核。既然无法考核，我们就永远都无法知道，自己是否达标，或者离达标还有多远。对于看不到目标的努力，大脑的选择往往是放弃。

同样的，学习的价值回报越清晰明确，学习动力就会越强。因为生产型学习所有付出都能反映出可预测的具体回报。无论是做英语导游，还是英语老师，都能知道该岗位的平均收入，以及大概的工作状况。这些数据越详细，对个人的激励会越明显。一个人很容易算清自己的投入在未来的某个时间点会得到的某些具体回报。

比如我十年前学习职业规划和培训，大约花了三个月。除了追寻自己的职业发展方向，另一个更重要的目的是为了能靠给企业讲职业规划赚钱。三个月以后，我开始给学员做职业规划，半天就挣了1000元钱。这就是生产型学习。

在合适的时间做正确的事

无论消费型学习还是生产型学习并无好坏之分，这两种学习对每个人的效用不同。

消费型学习可以缓解焦虑和增强自信；而生产型学习可以增加收入，改变生活。

关键在于每个人在这两种学习中的投入比例。

如果一个人生活中都是消费型学习，那就很容易陷入一种恶性循环：花了很多钱，学了很多东西，但是生活毫无实质性变化。于是他会很焦虑，这种焦虑促使他对学习投入的时间、精力和金钱更多。持续的消费型学习，表面上缓解了当下的焦虑，但同时也为未来更大的生活焦虑埋下了伏笔。

而如果一个人生活中都是生产型学习，生活节奏会很紧张，人生很容易产生无趣感。毕竟,无论学什么都要问一句:有用吗?能赚钱吗?有多少好处?人生会很没意思。

那么正常的比例应该是什么样的呢?我们分短期和长期来说。

短期来看,第一次学都是为了消费,先通过学习解决自己的问题,这毋庸置疑;但是一旦开始第二次学习同样的内容,一定要把生产考虑进去。自己的问题解决了,就去考虑怎么给别人带来价值。这很像婚礼的香槟塔,自己的杯子满了,才会溢出到别的杯子里。这样的学习才是圆满。

如果把时间拉长看,可以用我原创的"双U模型"来解读,如图 4-1。

横坐标代表我们的年龄,越往右代表年纪越大。纵坐标代表我们在学习上投入的时间和精力。

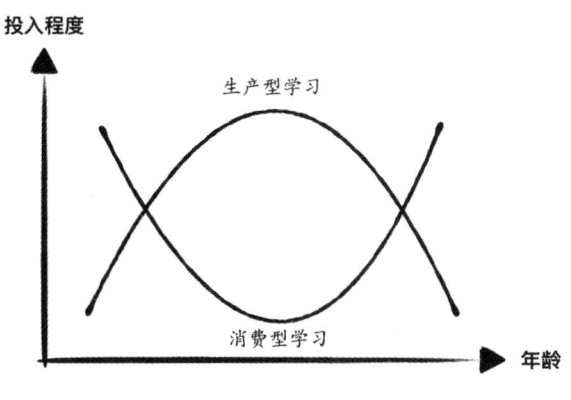

图 4-1 双U模型

消费型学习应该呈现出U型曲线,幼年和老年的时候最多,青壮年的时候最少。

幼年的时候我们学习的大多数东西都不会直接产生价值,比如学会某个技能,并用这个技能解决别人的问题,赚到钱。所以,小时候大部分的学习都是一种消费:通过学习,保持对世界的好奇心,建立自信,寻找并确定兴趣之类的纯粹消费行为。

老年的时候我们也会学很多东西,比如老年大学的广场舞、书法、绘画、乐器之类的。这个年纪学这些东西,没有人是奔着再就业去的。学这些更多的是为了保持学习的自信心,发现生活乐趣,甚至是消磨时间的。

生产型学习应该呈现出倒U型曲线,青壮年的时候最多,幼年和老年的时候最少。幼年和老年的时候即便是想在生产型学习上投入,年龄和学习能力上也不支持。在青壮年的时候学习精力最旺盛,学习技巧也很成熟,是生产型学习的黄金阶段。

在学习上,最可怕的是把这两条曲线弄反了。小时候无论学什么都特别功利:学这个能加分吗?学那个以后能养活自己吗?凡是没用的一律都不准学。结果长大了又不肯面对现实:快30岁了才开始追求学习的成长感,但不能给别人带来价值,在焦虑和满足中摇来摇去。

学而不思则罔,思而不学则殆。学习是好事,学习前思考一下自己学习是消费型还是生产型,就不会迷茫和倦怠。

总　结

★消费型学习是建立自信的手段,结果都是指向解决自己的问题。

★生产型学习是增加收入的手段,结果都是指向解决别人的问题。

★青壮年多生产型学习,少消费型学习,好钢要用在刀刃上。

我的颜值不高,该怎么发展

> "大家都说现在就业颜值很重要。好多工作都看脸。特别是女生。可是,我这个长相,不太好意思。我一个同学给我推荐了一个美容医院,做微整容能打折。给自己投资一笔钱很值,我有些犹豫。老师,您说我要整容吗?如果颜值真的比较低,职业发展上怎么办?"

我有一个朋友,他对美貌持有比较先进的后现代主义思想,他跟我说:"容貌这件事没有标准,每个人有每个人的审美。奥黛丽·赫本在你眼里是女神,但在另一个人眼里根本没法看。"我当时听了觉得很受伤,奥黛丽·赫本是我的女神。但看到他公司那个如花似玉的前台,和他如花似玉的老婆,我就知道他纯属嘴上一说,真要自己选,他还是会选大家公认美貌的人。

所以,对于这样的问题,我特别理解当事人的心情。可我们不得不承认的是,颜值,在职场上,确实属于一种"能力"。

人们长期对颜值存在一种"刻板印象",认为颜值高的人工作能力也会强,情商也会高,道德感也比较强,善良讲情义。因此在面试和职场工作中,人们免不了会给颜值高的人加分。

但我们也不要太低估自己了的颜值。好多人都感觉最近社会上颜值高的人特别多,所以自己长得稍微一般一点就很自卑,这其实是被各种媒体误导了。

颜值的高低属于正态分布:有少数10%的人,真的很惊艳,也有少数10%的人长得很挑战美学,中间的大多数人都是大差不差,长得普通的。普通的颜值,通过身材、气质、美妆,完全可以提升。因此,不要太低估自己的长相。

那如果一个人颜值确实不高,在职业中具体该怎么做才能让发展更顺利呢?

能力是底线,颜值是加分

很少有职业把颜值作为求职的底线。即便是演员、直播主播、空乘这种看上去要求颜值的工作,背后都有隐形的能力要求、人脉要求和资源要求。我最喜欢的奥黛丽·赫本,颜值高,但这背后蕴含着她多年学习芭蕾所造就的气质。

大多数职业,即便是要和人打交道,对颜值有所要求的销售、营销、客服、人力资源等工作,把这类工作做到有发展的前提依然是专业、能力及情商足够高。在这个基础之上,如果一个人颜值足够高,能让她给更多人留有深刻印象,这会带来"职场能见度"的提升。而"职场能见度"是升职加薪的一个条件。

但反之,如果一个人只有颜值,工作做得却漏洞百出,客服不会说话,营销抓不住需求,销售永远不能成交。底线达不到,加分再高,也没法拿到回报,甚至会给大家更大预期落差。因为原来大家都有个"刻板印象",颜值高的能力一般都强,情商一般都高,结果这个人却完全做不到,这种预期落差会给人"人设崩塌"感,坏印象反而更深。

所以,如果一个人的颜值普通,不妨提升自己的能力,稳住底线,再去考虑加分。

提升颜值要看性价比

整容为什么会被很多女生青睐？因为大家认为整容的好处简直太大了，快速变美不说，重要的是一劳永逸。手术一做完，下巴就一辈子削尖了，鼻梁就一辈子都高了。

但是大家也都知道整容付出的代价和风险，整好了，花一笔钱，换个脸别人认不出来；整不好，也是花一笔钱，也是换个脸别人认不出来，但后果是灾难性的。

相比于高成本高风险的整容，对于颜值普通的大多数人，以下三个方法就足够改变自己了。

1. 自我概念

"自我概念"是个心理概念，指的是我们如何看待自己。一般来说，自我概念清晰的人，内心会接受自己的颜值，精神状态比较积极，颜值会自然提升。反之，当自我概念没发展好，对自己不自信，那从面相、肌肉到身姿都会产生变化。一个人满脸横肉，也许并非他天生如此，而是他总生气，脸部肌肉发生了变形。

古人通过相面来预测一个人的未来，从心理学的角度，其实就是对这个人"自我概念"的判断。"相由心生"，由相推测其心境，再预测其成长轨迹，不无道理。

因此，改善颜值的第一个方式是建立一个积极客观的自我概念。具体可分为两步：

一是描述自己。描述自己重要的是"不带评价"。发现没有，只要你描述自己的外貌，往往会带有评价。比如：

"我身高1米73，不够高。"

"身高1米73"是描述，"不够高"就是评价。

试试用纯白描的语言来描述自己。试多了，自我评价变少了，自我概念就更真实。

二是情绪管理。既然情绪会改变我们的相貌，那改变相貌的一个方式自然就是调整情绪。

一个保持专注情绪的人，眼神里总是炯炯有神。当他专注时，瞳孔会聚焦到某一个点，结合外部光线的反射，大家就能感受到其眼神中的力量；一个总是开心的人，眉毛也是张开的，因为开心的表情必须让眉骨的肌肉放松，久而久之，他的眉毛就张开了。

因此，学会感知自己的情绪，接受现在的自己，然后调整自己的情绪，积极乐观一些。当自我概念发生变化，外貌也会发生改变。

2. 学会自嘲

我举个例子：每个人身边一定有那种幽默感很强的人，张口就是段子，经常自嘲。有没有发现，他们往往会有一些颜值的缺陷，这其实是他们的自我化解机制。

我讲课做自我介绍时经常会给大家看一下我的艺术照，然后说这么一段话：

"各位，我自恋地在PPT上放了我的艺术照，站在各位面前的是我的卸妆照，看出来有什么差别吗？头发都没了。所以，人生就是如此，看上去光鲜亮丽，背后全是兵荒马乱。职业也是这样，要想人前显贵，必然人后受罪。"然后长叹一口气，苦笑一下。既自嘲了自己，还励志了一把。

我自嘲的潜台词是：我都已经这么黑我自己了，你还好意思黑我吗？

如果一个人在和人打交道之前先就自己的某个明显的外貌瑕疵充分自嘲，这种心理防御会让心态变好，久而久之，形象反而变好。

3. 无风险改变

有句话叫作"胖子都是潜力股"，说的不无道理。多数人颜值低的原因不是五官和骨相，而是胖导致的。

用科学的方法瘦身，就是一种无风险改变。即便瘦身以后颜值没什么提高，也不会有什么风险，还会更加健康。

改变颜值的方法有很多：健身、美妆、整容，各位可以排个序，看看哪个风险最大，哪个没任何风险，咱们先做没什么风险的改变，这总归不会有害。

关于颜值低的思考

以上说的都是针对颜值普通的大多数，那万一一个人颜值不巧是正态分布的后10%，那该怎么发展自己的职业呢？

可以有三个思路：

1. 定位：多做和事打交道的工作

我们可以把工作分成两种类型：一种是经常和人打交道的工作，比如销售、市场、人力资源；另一种是经常和事打交道的工作，比如研发、测试、程序员、工程师。

既然自己的颜值真的太抱歉，那就尽量别在工作中让别人看见，把自己定位在更多和事打交道的职业上。

因为，如果一个人在和人打交道的工作中，长相会频繁地被人或明或暗地评价，他表面上会抑制住自己的情绪，但潜意识会带来改变，时间长了压抑会给自己带来更大心理伤害。

和事打交道，只需专注于眼前的机器、屏幕、数据，人们对其评价也只是基于其作品、产品，谁也不会说"这个软件不好，因为开发工程师长得难看"。

2. 长期：尽量少换工作

有没有这种感觉，第一次看一个长得不怎么好看的，会觉得他长得好奇特。但是你老在各种媒体、视频、广告看到他，看多了也就习惯了，觉得他长得挺正常的。

第一次看人气偶像，觉得好帅。但是你老看老看，看多了也习惯了，也觉得挺正常。

审美会疲劳，审丑也会疲劳。

因此，降低同事领导对自己颜值感受的另一个方法，就是让他们相处的时间足够长。时间长了，第一印象就会弱化。甚至人们会因为要长期跟他相处，而刻意提升对对方的好感。

这就是颜值低的一个职业策略，选择一份工作，一个团队，尽可能一直干下去。少换工作，少换团队。

3. 逆向：多建立"丑"的优势

不妨逆向思考一下：颜值低有什么优势和好处呢？比如咱们可以先列10个：

a. 他人对你的工作期待低，工作压力也就低；
b. 更专注工作，反而更能提升工作技能；
c. 老板一看到你就知道是实力派；
d. 办公室骚扰不发生，也不怕碰到渣男；
e. 如果有什么异性朋友，对方一定不是冲着你的长相，而是你的内在魅力；
f. 同性人缘好，不会引起同性的嫉妒；
g. 不花钱整容美妆，月月能省下钱，攒下来买大房子；
h. 被父母逼婚有了一个坚实的理由；

i. 走在路上有安全感,不会被坏人劫色;
j. 听多了社会上关于颜值的评价脸皮练厚了,活得更自在;

是不是说的你心态上轻松了许多?

总　结

★工作中,能力是底线,颜值仅仅是加分项。
★改善颜值要关注性价比,做高收益低风险的事。
★颜值太低多做和事打交道的工作,少换工作。
★多想颜值低的好处。

在大城市打拼如何发展自己的人脉

> "在家找工作,父母的关系多,不用发愁,可是来到大城市打拼,背井离乡的,同学没几个,家里的关系也用不上。都说职业发展越到30岁越依靠人脉,那到底怎么发展自己的人脉?"

大家都懂人脉的作用,特别是在三四线小城市。家里的人脉关系多,不光找工作方便,相亲都能一周安排20场。但到了大城市了,家里的关系用不上,自己的同学也刚工作,发展人脉就成了重大话题。

但好多人之所以在大城市搞不定人脉,一个底层原因,是把大城市和小城市的人脉概念弄混了。

你在家乡找份工作、找个对象,父母找自己的亲戚同学帮了个忙,这些亲戚同学严格来讲叫"找熟人""找关系"。家乡的人脉,是"熟人""关系"。

这跟大城市的人脉有什么区别?

熟人、关系,背后是我们有相同的背景、相同的生活方式、相同的兴趣爱好,因为大家相同,所以物以类聚人以群分。

而在大城市的人脉,看重的不是"相同",而是"互补"。

在大城市里,小明善于做PPT,他跟那些不善于PPT的人就形成了

"互补",如果有个人想做个讲座,找人美化一下PPT,就会找到小明,于是小明就成为那些需要做PPT人群的"人脉"。

互补,意味着我有一些别人没有但需要的价值。

如果用游戏来比喻,家乡的人脉很像"连连看",找到一样的在一起玩;而大城市的人脉很像"拼图",我拿有价值的补你的需求,我们共同干一件大事。

当意识到了大城市的人脉需要"互补"时,再去想怎么发展人脉,就有动力和方向了。

大城市的人脉建立不是一步到位的。如果你问那些已经建立起人脉的人,他们怎么建立起来的,往往有三步:

第一步:互相认识,简称"互识";

第二步:互相惠及,简称"互惠";

第三步:互相信任,简称"互信";

互 识

先抛给大家一个富有江湖气息的问题:出来混,什么最重要?

正常人的回答是:能力、人品、朋友、钱……

真正的回答是:出来混,"出来"最重要。

所以,想要在大城市认识更多人,得先"出来"。那怎么"出来"认识人呢?有三步。

1. 寻找"场"

场,就是一种独特的环境。在这个环境里,认识陌生人并不尴尬,甚至环境里弥漫着陌生人互相认识的氛围。不要以为在大街上、公交车上跟人搭讪就能建立人脉了,那些"场"并不具备跟人认识的氛围。但是在一些特殊场合,跟陌生人建立认识关系就是水到渠成。

比如参加课程，在课程上认识一些同学。我是很多课程的老师，经常在课程最开始就强调：课程不单单是同学们听我讲，更重要的是整个会议室形成了一个让每个人相互认识的"场"，这个场能帮助你们建立人脉。

我自己也会经常参加各种培训，目的也是为了在那样的"场"里认识人脉。

除了课程，沙龙、社群、聚会，都会是能互相认识的"场"。

2. 介绍自己

一般来说，在这类培训、沙龙、聚会"场"的第一个节目，就是"自我介绍"。

一般人的自我介绍是："我叫张三，来自山东，某大学毕业，现从事产品经理工作。很高兴认识你。"

这种自我介绍看上去很正常。但如果你是听的人，你听完这个介绍后，内心可能会想：嗯，这跟我有什么关系？

我们每个人的自我介绍，讲的都是自己，跟对方好像没关系。但每个人最关心的是你能给我带来什么，你跟我有什么关系。

所以我在这里给大家说一个自我介绍的诀窍，它可以让你一下子有吸引力。你需要在自我介绍时，回答这两个问题：

如何记住我的名字？

我能给你带来什么价值？

举例：

"我叫马华兴，华兴，就是中华民族的伟大复兴的'华兴'，我是一个职业规划师，主要帮助别人在工作上做出靠谱的选择，如果你在工作中有困惑，来找我。"

你听了，是不是马上就会记得我？而且如同拼图一样，你是不是马上就把我拼到了你需求的某个位置上？

3. 建立交互

自我介绍完，如果你们真的有了最初始的"互补"，此时就能拿到对方的联系方式，然后你们就会多聊两句。

多聊两句这个过程，其实是一种交互。但是，很多人会把天聊死，成为"话题终结者"。此时我再教你一个简单的把天聊活的方法，就是"问答"。

能把天聊下去的最好方式就是一问一答，对方再一问一答。因为一旦"提问"，另一方就得用"回答"来接话。但这里要注意，千万别提问变成了"审问"。可以试着问一下大家都可以回答并且喜欢谈论的问题，比如爱好、八卦、娱乐、家庭这类具体而生活化的话题。

建立了交互，第一步互识就达成了。

请注意，互识的最重要目的是：留下印象。

互 惠

当"互识"完成后，并不意味着人脉就建立起来了。你最多是在对方心里留下了一个大致的印象，跟对方的互补还未形成。因此，下一步"互惠"就很重要。

互惠是两个字，代表两个步骤。

第一步叫"惠"，就是帮助对方。如果你能用你的能力帮对方一个忙，对方对你就不再是简单一个印象，而是一个真正的确认。对方会确认你在某个方面真的有能力，能解决问题，简称"亲测有效"。

很多人会说我自己确实没什么能力，我又不会给人看病，不会给人写代码，好像帮不上别人什么忙。这就是你小瞧了自己。我们可以从几个角度来分析一下，看看你能帮别人什么忙：

第一，专业加行业。 你学习某个专业，从事某个行业，这意味着你掌握了这个专业和行业的内部信息。比如我学习通信行业，从事通信行业十几年，即便我已经多年不从事这个行业，但一谈到5G，我总归比外行懂得更多，能给对方提供更有价值的内部信息。

第二，个人技能。 用个人技能帮对方解决问题，这是大多数人的认识。我会培训和咨询，就能帮对方解决职业发展的问题。请注意，不要把个人技能想的太难，小明是程序员，可以帮人写代码，审查代码，这是技能；小华花了1个月学了个视频剪辑，能帮人编辑简单的小视频，这也是技能。

第三，个人人脉。 小明自己不能帮忙，他把自己的人脉小刚转介给了小红，这也是帮忙。而且这种帮忙有个最大的好处：既帮了小红，也帮了小刚，帮忙的人承了两份人情。

第四，个人态度。 态度也能算帮忙。因为每个人除了有实用需求，还有心理需求。爱"秀"者需要人崇拜；害羞者需要人关注；看重关系的人需要人感谢。这都是一种广义的帮忙。

当我们能帮到别人时，一个最弱的人脉就能建立起来。

互惠的第二步叫"互"，就是在帮助对方之后请求对方帮助，麻烦对方。

不要小看麻烦，有一篇在互联网拥有几千万阅读量的文章叫《人脉都是麻烦出来的》，这句话很有道理，这背后是一个心理学效应，叫"富兰克林效应。"

富兰克林要结交一个人脉，就会麻烦对方帮个小忙，比如借个书什么的，然后对方欣然接受，一个人脉链接就形成了。他说："你能麻烦别人，别人会认为你喜欢他，人会喜欢喜欢自己的人。"

互惠两步完成，先"惠"后"互"，人脉就建立起来了。

互 信

更紧密的人脉是建立了"互信",即双方相互信任。

我们说过,信任的内涵是"冒险",你愿意为对方冒险,才叫"信任"。

实现从互惠到互信的最好方式是:共同做项目。

共同做项目一定会存在冒险。你把项目的一部分委托给了对方,就是在冒对方无法按时保质保量交付的险。换对方也同样。你们互相为对方冒险了,如果双方能把项目完成,双方的"互信"就建立起来了。

另外,人脉就像拼图,你跟对方是互补的。既然是拼图,那共同做项目就能实现不同的几片拼图共同实现一个更宏大的目标和成果,让1+1大于2。

合作制作课程、合作出版图书、合作开发产品、合作活动营销……未来,当支付、沟通和产品交付可以完全通过远程实现时,合作的成本会大大降低。每个人的人脉便会跨越行业、跨越年龄,也会跨越城市和国家。

总 结

★小城市的人脉像"连连看",双方是相同的;大城市像拼图,双方是互补的。

★建立人脉有三步:互识、互惠和互信。

★互识的本质是建立印象,互惠的本质互相帮忙,互信的本质是一起合作。

怎么让公司更多的人,特别是大老板认识我

> "我是一名普通员工,我觉得除了做好自己的本职工作,也应该展示自己的工作能力,都说机会是留给有准备的人的,我该怎么做,才能让公司里更多的人认识我、认可我,尤其是能让大老板注意到我,有没有具体的方法?"

面对这类问题,人们会产生两种典型的极端想法。

第一种认为展示自己的能力,尤其引起大老板的注意,过于功利,甚至年龄大一些的会苦口婆心地说:"年轻人要踏实一点,不要急于表现自己,别总想这些花里胡哨的事情上,把心思多用在工作上。"

这种想法背后有一个误区,将"展示自己的能力"和"踏实工作"对立起来,认为"踏实工作的人都是默默无闻的","表现自己的人工作都不行"。但一个人完全可以"踏踏实实地工作,同时适时地展示自己的能力"。而在公司里,往往能晋升的人都能在"工作有业绩的同时,给老板留下深刻印象"。

另一种想法认为应该积极创造机会"展示自己",否则自己很容易被埋没。尤其在大公司,一个团队几百人,如果不给自己创造展示的机会,怎么可能被大老板注意到。

04　百转千回，如何更进一步

创造机会这种事，操作好了是一段故事，操作不好就是一个事故。在创造机会这件事上，我们应该先有这样的认知：

首先，别把吸引大老板当成工作主业。吸引大老板注意这件事，效果往往被夸大了。职场小白容易被电视剧的情节误导，电视剧里常有的段子就是某个员工当班，正好碰上大老板微服私访，一番刻意刁难之后其他员工都恶语相向，只有主角耐心处理，尽心尽力，最终得到大老板的认可，当场升职加薪。

编剧编的故事，千万不要轻易当真。在真实职场里不会发生这样的事情。大老板并不直接领导你，对你的工作情况不了解，仅凭一件事就认定你可以担当大任，这种草率的人事变动往往都带来更危险的后果。为了避免这种风险，公司一旦发展一点规模，会马上建立职级系统和晋升机制，用系统和制度管理人。

其次，有能力有业绩之后，展示自己的能力依然重要。大老板尽管没有决定权，但依然拥有"提名权"。他注意到你，虽然不会直接提拔你，但在一些关键岗位或者关键项目的候选人提名上，他可以提名。换句话说，被大老板注意到，在重要项目中有更多机会参加，在重要岗位的竞聘中获胜概率更高。

那如何正确地展示自己的能力，被大老板注意到呢？有三个重要的方法。

专业表达

一个人去展示自己的能力，或者被大老板注意，无非都是给人留下一个印象：某某是一个怎样的人。这其中，记住你的名字很重要，但更重要的是"你是一个怎样的人"这个标签。

请注意，在公司里，给老板一定要留"好"印象，留"坏"印象不如不留印象。如果给老板留下一个"工作不负责""干活总出错"这样的深刻印象，在这家公司就很难发展了。

而很多人却往往会做出这种事来，比如曾经比较著名的"华为万言书"事件。当年华为成立没几年，一名北大毕业的新员工，刚刚入职华为两个月，就公司的经营战略问题，洋洋洒洒写了一封"万言书"给任正非。原本以为自己独到的见地能够打动领导，但结果任老板批复："此人如果有精神病，建议送医院治疗，如果没病，建议辞退。"这种行为，在哪家企业里都会给人一种"不懂装懂""眼高手低"的差印象。

那怎么才能建立个"好"印象呢？

第一，在自己专业的领域表现，不越界。

我以前老参加各种项目评审会。跟客户、老板、项目经理、工程师等几百个人在一个大会议室里汇报讨论。那些能脱颖而出的普通员工，他们提出的问题、观点，都绝对不是特别宏大的战略问题和战略观点，而是从自己工作的小处谈起。讲一个细节如何优化，讲怎么发现一个具体问题。这些细节的、具体的问题，都是在自己的专业领域，一讲起来头头是道，对手无法反驳，客户频频点头。更重要的是，给自己公司老板大大提升了面子。

老板内心就会给这个员工建立一个印象：小伙子不错，专业能力强，还做事可靠。

相反，一旦越界，说一些外行话，就很容易暴露自己的盲区，让内行人看笑话。如果客户或老板是懂行的人，一个你"眼高手低"的印象就建立起来了。

第二，用通俗易懂的方式表达。

讲自己的专业和业务，这是在选择表现内容。但表现方式，就得尽可能贴近对方的认知。

如果一个人给老板汇报的内容都是晦涩难懂，大把专业概念、缩略语扑面而来，虽然这些内容都是他的专业，但会给老板一种"我听不懂"的感觉。如果他的表情再不屑一点，就会让对方觉得你在"卖弄"，会觉得这个人"欺负我不懂"。这种被歧视感也会建立"坏"印象。

所以,把晦涩难懂的语言用通俗易懂的方式表达出来就是一门技术。会说话的人会用数据、打比方、举例子的方法,打的比方、举的例子都是大家耳熟能详的。这样,对方能对他讲的内容理解个大概,还会有种"他用心了"的感觉。能尽可能站在对方的角度说话,不光是一种技能,还是一种"态度"。

跨部门协作

多参与跨部门协作的任务能带给你两个优势。

1. 全局化思维

大公司都有一个严重问题:人人都是螺丝钉。每个人只做自己眼前的一块任务,时间久了就把自己局限住,思维狭窄化。所有的思考和观点都是从自我岗位利益出发,缺少通盘全局考虑。营销主管认为缺了营销公司什么都卖不出去;产品主管认为缺了产品公司寸步难行。

我们可能经常会遇到这种情况:小明是产品部门的员工,但大老板来自营销部门。那他们的对话往往有种"鸡同鸭讲"的味道。他讲的都是产品性能、产品研发过程、产品质量,而大老板关心的却是客户需求、市场活动。这种沟通很难跟大老板产生共鸣,但是他也不能"不懂装懂",去表达自己不熟悉的营销,有什么办法?

此时,如果他之前从事过跨部门协作的项目,就能帮助他从更多部门和职能的视角思考问题,开阔视野。这样再跟老板沟通,就能做到既表达自己的专业,同时又兼顾老板的视角。

2. 获得多部门的人际支持

部门协作,表面上看是和别的部门协作完成任务,但真实的情况是,我们是和其他部门里一个个具体的人沟通需求、对接任务、讨论问题。关系都是处出来的。跨部门协作，就是公司里处关系的最佳方式。时间久了就会出现一种情况，有些跨部门合作的项目，别人去做拖拖拉拉半天没结果，你出面很快就能搞定，不是因为别人比你能力差，而是你之前经常跨部门合作，跟其他部门的一个个人建立了关系，得到了支持。关系这层润滑剂能提升工作效率，也能让你和老板有更多建立连接的可能。

有分享的机会要把握

在职场里，能力强很重要，但更重要的是让大家都知道你能力强。

让大家都知道，本质上就是"个人营销"。个人营销不是吹牛，而是要证明给别人看。

证明的方式除了自己做出业绩，还一个好方法就是"分享"。

公司和部门都会专门设计员工内部分享的工作，这对于员工来说，就是个让老板认识自己的机会。敢于分享，说明这个人有勇气；精心设计，说明这个人有态度；分享的吸引人，说明这个人有能力。

很多能人可能会有所顾忌，怕"教会徒弟饿死师父"，所以总是不敢分享自己最拿手的技术。这个顾忌就属于"你想多了"。大胆分享，你的担忧绝对不会发生。因为，如果听的人真的天资聪颖，文曲星下凡，一听就会，那他不听你分享也能学会；而大多数听众，靠听课和看书最多学到10%。更重要的是，学习一个知识的最好方法就是分享，它会帮你梳理内化这些知识，所以分享的最大受益者其实是分享者自己。我们每分享一次，自己的专业技能就会进一步精深。

总　结

★专业表达：只在自己的专业领域表达，不越界，并且尽可能说得通俗易懂。

★跨部门协作：要多参与跨部门协作的任务。

★积极分享：有分享的机会要把握。

在公司里是该追求升职还是加薪

> "我是个金牌销售,不少老客户,拿提成很多。最近老板突然跟我谈话,想晋升我做销售经理带团队,这意味着我不能自己出单,一定会带来薪水的下降,我到底是该接受这个管理岗,还是继续做我的销售?"

升职加薪,这四个字组合在一起,是每个人在工作中最大的追求。但是如果不组合在一起呢?升职和加薪,如果只能选择一个,你会选择哪个呢?

在不少公司里,不升职给加薪,或者不加薪给升职,是经常发生的现象。这种"只给一半"的方式是公司老板出于成本和激励考虑的平衡设计的。

如开头这个案例,销售晋升到主管,往往薪酬就会设计成,不能自己出单,而要通过激励团队出单才能拿到奖金的方式。这样在晋升的头一年往往会出现明显的收入下降。很多金牌销售都会遇到这个尴尬。

升职和加薪选一头,到底该选哪头?这又是一个各说各理的辩题。有人说:"肯定是升职了,别看升职不加薪,但升职会带来更多机会,更多人脉,这些都是隐形资源,一段时间以后,收入自然都有了。"而有人则会反驳说:"一定要加薪,头衔都是虚的,钱才是实的。现在这个社会,什么人不是一大把头衔?一个公司全是大区总监,每个总监管不了半个人。真金白银才是所有人都看重的,老板给钱多才说明你的重要。"两个观点都有道理,但是你又不敢全信。

只有理解升职和加薪背后的本质,才能更好地做出判断。

升职和加薪带来的是什么

大家所理解的升职,都是指从业务晋升到管理。公司最大的管理者是老板。那老板跟其他员工的主要职责有什么不同呢?

老板的主要职责是:提供资本,做出决策,调配资源,给客户带来价值,公司产生收益。

员工的主要职责是:执行决策,解决客户和老板的问题,从公司挣得收入。

比如我开个公司,决定开发一个小程序,解决客户的某类问题。这就是做出决策。同时,要想产品交付到客户手里,就需要完成设计、开发、测试、营销推广、运营升级等多个任务。此时如果所有工作都我一个人来做,那我既要做决策,又要做执行。

我不是神,既没有那么多时间去做所有工作,一些工作又不会做。于是,我出了资本,雇用了一些员工帮我做设计、开发等执行工作。这就出现了老板和员工的分工。

老板出资,员工执行,执行后拿到待遇。公司给客户提供价值,客户付费给公司,老板拿到利润。

那管理者是怎么出现的呢?

当员工少的时候,老板就是最大的管理者,他要做调配资源、制定计划、激励团队这样的事情。但员工变多了,老板管不过来,于是老板就得找一个他的"代言人"帮他做调配资源、制定计划、激励团队这样的工作,甚至他们还可以做一部分决策。

升职就是把原来一部分老板的职责,转移到了管理者身上。

因为管理者承担了一部分老板的职责,自然就会被授予一部分老板的权力。管理者需要有调配资源和奖惩员工的权力。最后,当老板最终拿到利润后,管理者也会分享老板的这部分利润。

拿到了一部分权力,以及多了一部分利益,这也是为什么很多人认为管理者"好"的原因。

而加薪,则不涉及那么多的职责、权力,仅仅是因为个人能提供更大的价值,跟公司达成的利益交换,获得了更多利益回报。加薪只代表更多收入,但不会有更大权力。

这么一分析,如果升职不能带来收入的提升,没有利益,那衡量升职是否有价值,重要的不是看升职的头衔,而是要看"是否能被赋予权力"。

如何判断升职的效力

我们再回到最开始的问题,一个金牌销售顾问,公司询问他是继续做销售顾问,还是做个经理,带团队。但做经理就不能自己开单,而要通过团队的业绩拿到自己的奖金。这个升职是否有价值?

如果公司承诺,升职后,他的团队归他管理,并授予了一定的奖惩权;同时,他还能决策什么客户值得谈,什么客户要放弃,甚至能决策要销售什么重点产品。那这个升职就有价值。

因为当公司赋予他这些权力后,一定会给他相应的资源。

但是如果公司仅仅是让他负责团队的业绩,而不给他团队奖惩权,一切决策依然是高层来决定,那就意味着这个升职的价值在打折扣。这个升职也仅仅是个头衔而已。

有效力的升职一定是"重用"。给利益叫"重",给权力叫"用"。但现实中"重用"未必会全给到。古时候讲"加官进爵","官"讲的是

"用"，给权力；而"爵"则是"重"，给利益。

三国时刘备封五虎上将，有封地，有高俸，马超排第四，但马超到蜀国已经是光杆司令一个，这就是"重而不用"；

民国时期，蒋介石任命戴笠负责军统，有极高的权力，可以监控搜捕任何民国大员，但戴笠的军衔只是中将，远低于很多国民党元老，这就是"用而不重"，戴笠也欣然接受。

但如果升职既没有"重"也没有"用"，那就要小心了，这种升职还不如给钱更实惠。如果让你选择，选择加薪更直接。或者接受了这类升职，先权当是个名誉，等有机会还要争取权力或加薪。

有权力的升职好过无权力的加薪

事实上，大多数中小企业的升职，其薪酬都不会很快地跟进提升，都会等一年以后才会跟进，这期间的薪水甚至会设计成略微下降的样子。

这是为什么呢？

前面说，任何一种晋升都是责任、权力和利益的赋予。但责任、权力和利益不会同时给到，而是会先授予一些责任，调资源、做决策、担风险，依据责任给权力。等这个管理者用权力取得绩效时，再依据绩效分利益。

还是拿三国举例。诸葛亮第一次北伐，马谡是中等职位：参军。此时诸葛亮给了马谡一个"升职"，给他两万五千人马去守街亭。这是仅仅给了责任，同时根据责任给了临时权力，但并没有马上给利益：官位爵位。诸葛亮得等马谡守住街亭，大军北伐成功后才能论功行赏，彼时才能给他"加薪"。但与此同时，马谡也在替诸葛亮担风险，他立了军令状，一旦失败，他要被斩首。最后的结局就是风险爆发，失街亭斩马谡。

这就是升职的典型过程。公司晋升一个人，赋予了他一些权力，其本质是让渡了一部分老板的资源和风险，相当于给这个人做了一笔风险投资。既然是风险投资，那就要签对赌协议，做成了拿什么好处，失败了接受什么惩罚。那自然得等做成了才能加薪。

责、权、利，从来都是有先后顺序的。先担责，再授权，最后获利。

在现代企业制度下，这种能赋予权力的升职，其价值往往会高于加薪。

首先，调配资源和做出决策，这会产生更多机会和外部资源，而真正在我们职场中能长远发挥效力的，并非多涨了的工资，而是机会和外部资源带来的增值利益。这些利益未必以"薪水"的方式发放，而会转换成"股权""新赛道""个人品牌"等更具有势能的利益。

其次，因为有现代企业制度和文明法制的保护，即便失败了，也不会如古代一样要杀头，最多几年内不考虑晋升。风险带来的损失并不会特别大。这么一评估，自然有权力的升职会优于无权力的加薪。

总 结

★升职的本质承担一部分老板的职责，被赋予一定的权力和得到一部分利益。

★多数升职都是权力、利益选其一，有的"重而不用"，有的"用而不重"。

★有权力的升职往往比无权力的加薪更有价值。

走还是留?这一直是个问题

关于去留与平衡

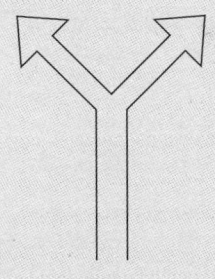

刚入职有激情，工作半年后激情不在想离开，怎么办

> "刚进入公司的时候还是很有激情的，每天都很充实，也觉得自己能做出一番事业。但是在公司待了半年突然就觉得没有工作激情了，我想换个工作，但是同事劝我再忍一忍，至少满一年再说。我自己也担心万一换了工作做一段时间又没激情了怎么办？我到底是走还是留呢？"

对于"工作没激情了要不要换"这个问题有两种典型的对立观点：辞职派和坚持派。两种观点听着都很有道理，所以才会让人纠结，难以选择。

坚持派的观点是：工作不是吃大餐，火锅不喜欢就去换西餐，西餐不喜欢去换烧烤。工作是米饭馒头。没人对米饭馒头有激情，但没人离得开米饭馒头。激情从来都短暂，你在这里没激情，换到别处也依然没激情。所以，为了一口饭，就要坚持干。

辞职派的观点是：工作确实不是吃大餐，但是顿顿粗茶淡饭就没了生活的情趣。人生最重要的是时间是不是过得值得。做一份没热情的工作，

这辈子过个无趣的人生,不值得。

要想理清这种纠结,我们得先知道自己为何会对工作失去激情,以及如何正确看待激情落差背后的原因。只有调整好自己的心态,才能做出理性的选择。

激情不在的公式

先分享一个我的咨询案例。

2009年,去哪儿网发布了酒店试睡员的招聘启事:在招聘到合适的人选之后,将委派其针对国内的各式酒店去切身体验入住环境,记录下公正真实的住宿体验,并将此内容上传到去哪儿官网上,从而配合关键字的搜索结果为全国各地出行的网友提供更加翔实深入的酒店信息。"酒店试睡员"一度走红,有网站甚至开出万元月薪的待遇。

这个岗位听着是不是特别棒?有一位幸运儿真的就应聘成功了,但干了不到半年他约了我的咨询,理由是实在干不下去了,职业倦怠很严重,想转职。

刚开始的时候,他以为就是去酒店体验一下,点评点评酒店的服务、环境、卫生、价格、餐饮等方面。比如床垫软硬、空调冷暖、网速快慢、下水道是否畅通、淋浴水流是否过大等等。无非就是写点字,配上照片,关键是能全国各地旅游多好。

结果正式入职之后才发现,酒店试睡员听着高大上,其实职业门槛很高。点评必须要有特色,每一篇点评文章,网站对阅读量和回复量都有考核要求。如果不达标,收入连温饱都难以保证。为了完成每个月的任务,他有时候一个晚上要换2~3家酒店。更让他无法忍受的是,这个岗位没有团队,大部分时间都是自己一个人住酒店,一个人写稿。

他来找我咨询的时候,已经不仅是职业倦怠问题,甚至有些抑郁了。

我问他:"一开始做这个职业的时候是什么感觉?"

05 走还是留？这一直是个问题

他说："很期待，能去体验没住过的酒店很兴奋。"

我接着问："后来发生了什么事情，让你觉得没激情了呢？"

他想了想说："落差挺大的。写稿子一直有压力，而且酒店其实都是大同小异。五星级的酒店根本不需要我们宣传，小的民宿都差不多。无非就这些东西。越往后就越觉得没东西可写了。"

所以核心是两个字"落差"。激情消退本质上是现实跟期待的落差。我们被工作的"艺术照"吸引，满怀期待，真正工作时看到了"卸妆照"，落差太大，于是激情消散。

如果用一个公式来表达就是：激情落差 = 职业现实 － 职业期待

所以，面对激情不在造成的纠结，我们要做到是管理"落差"，也就是从"职业现实"和"职业期待"两个角度来管理。

评估职业期待

激情背后是职业期待，一般来说，对于工作大家普遍有三个方面的期待：工作内容、工作环境和工作回报。

工作内容，是指这份工作做的事情符合自己意愿，自己想做且自己能做。

工作环境包括工作的硬件环境和软件环境。硬件环境很好理解，比如办公室工位很大，座椅是人体工学椅，带健身房，有下午茶和咖啡，上下班有班车，等等。软件环境主要指人际关系是否和谐，内部没什么纷争，团队热情做事；老板不恶心，下属不糟心，客户不闹心。

工作回报主要包括收入和发展机会。大家都清楚收入是最显眼的期待，但有现金没发展机会的工作也未必是好工作。比如5年以前的银行柜员，一毕业收入就比其他职业高，但你做5年柜员，没有任何晋升，这就是没有发展机会。

在找工作前，我们要持续评估自己的职业期待：

a. 哪些是我最想要的；
b. 哪些是我可以接受的。

在工作中，我们还要持续评估自己的期待：

a. 哪些期待能够满足；
b. 哪些期待不能满足。

此时，你就会发现，激情不在，除了"职业现实"满足不了，还可能有两个原因：

1. 期待不合理

比如有一个学员找我做咨询，抱怨自己和上司的关系紧张，想换工作。这背后就是她对工作环境的期待有落差。

我问她："之前为什么想来这家公司工作？现在为什么又想走？"

她说："很看重现在上司的工作能力，觉得能学到东西。结果工作了一年，上司很少手把手帮她复盘工作失误，反而每次出了问题就是批评，自己很失望，想离职。"

我接着问："你想跟上司学东西，那你给上司交学费吗？"

她茫然地摇了摇头。

我说："从你上司的角度看，给你发工资，做错了还不能批评，还要手把手教你，还不能收学费，你不满意了还要离职，你觉得他是不是挺冤的？"

她犹豫了一下说："你是说我这个期待不对？"

我很肯定地说："你这个期待得找老师，然后你交学费才能满足。但你找老板，人家给你发工资，你又没教学费，怎么实现呢？"

所以这个期待明显就不那么合理。

2. 忽视隐性期待

我们都看得到显性期待，比如工资高、工作有趣、公司名气大。但有一个我的来访者就去了一个有名气、给钱多的公司，干的工作也是自己喜欢的，可干了半年还是觉得没了激情，他跟我说团队派系林立，斗争激烈，工作根本开展不起来。

团队和谐就是隐性期待，但这个隐性期待对他的就业来说有决定性作用。

反之亦如是。我有一个客户抱怨工作很无聊，没意思，想辞职，但是又觉得这家公司人际关系好，工作稳定，压力不大，能给她更多自主时间。这一切软环境，都是她没看到，但被满足的隐性期待。

所以，一个人如果激情不在，先别冲动辞职。需要先评估自己的期待是不是合理，观察分析目前的工作是不是满足了自己更重要的隐性期待。这样一评估，理性战胜了冲动，之后做的选择才不纠结。

面对职业现实

除了正确评估职业期待，我们还要从职业现实角度进行分析。当你只看到职业的"化妆照"，进入职业后一下子看到"卸妆照"，自然会有激情落差。所以面对职业现实，我们要做好三步：

1. 了解"卸妆照"

共享单车刚兴起那会，有个学员向我吐槽：面试了某共享单车的运营岗位，整整三轮面试才通过；结果上班第一天就被通知要上街骑三轮去运单车。他苦笑着和我说："我不是不能骑三轮，关键是骑三轮也没必要面试我三轮吧？"

这同学就是没了解清楚共享单车的"卸妆照"。要是知道共享单车其实并不是互联网公司而是交通调度公司,他兴许就不会去了。

现在,因为有移动互联网,了解"卸妆照"的方式多种多样,花一个小时,唾手可得。多花一个小时,会挽救一个重大失误,小成本大收益。

2. 承认职业现实

当你发现职业并不如意时,人们会因为这个落差而情绪上头,被情绪控制了选择。

此时,人会过于夸大职业现实的恶劣性,会基于这个夸大的"现实"想象悲惨的未来:我要是再这么待下去,我可就完蛋了。但想象的这一切都是他的观点,而不是现实。

把激情不在的工作更清晰地描述出来,一次次去看这个现实,才能建立理性。

3. 调整职业现实

思考目前的工作内容是否可以调整。比如,选择内部调岗,或者主动要求承担一些新的自己感兴趣的工作任务。我自己有一段时间也有很强烈的职业倦怠感,毕竟任何一份工作在大量的重复下都有种"激情被耗尽"的感觉。但是我除了做咨询和培训,也不会别的,所以我的策略是换人群讲。我会特意接一些大学生讲座的课程,哪怕课酬很少,甚至没有课酬都可以。我追求的就是一种新鲜感。

思考目前工作环境,尤其是人际关系是否可以调整。比如,如果是和上司或者同事关系紧张,那是否可以学习一些人际关系课程主动改善关系,或者干脆放弃自己错误的期待。

思考目前的工作回报是否可以调整。如果报酬不满意,可以试着和上司谈,但是要注意,工作回报的期待也要符合自己岗位的市场价格。如果你真的能为公司创造足够的价值,提出涨薪要求时,一般情况下公司都会考虑。

当你已经从职业期待和职业现实两个角度管理了激情落差,却仍然觉得不可接受,此时再做出辞职的决定。

> **总　结**
>
> ★激情落差＝职业现实－职业期待
> ★在找工作和工作中需要持续不断地评估职业期待。
> ★提前了解职业"卸妆照",工作中面对职业现实,并在一定程度上调整职业现实。

手头的项目不受重视,没有资源,又必须要做,怎么办

> "我在一家教育培训公司做社群运营,主要服务的是已经上过我们课程的学员。但是这个业务公司一点都不重视,既不出钱,也不出人,只有我自己一个人坚持了有半年时间。就因为别的培训机构都在做,所以公司说要坚持做下去。我觉得这个岗位很没前途,我应该怎么办?要不要离职?"

"婚姻是一座围城,城外的人想进入,城里的人想出来。"这句话虽然是说婚姻的,但道理其实放在职场里也一样。做学生的时候总想着以后工作了一定要干一番事业,不是董事长也得是个CEO。结果真进了职场才发现电视剧里那些段子都是骗人的:真实的职场既没有什么主角光环,奋力一搏,挽狂澜于既倒;也没有什么职场贵人,看了你一眼就认定你是The One,非要帮你成为人中龙凤。大部分情况下,我们做的就是一个普通的岗位,没有什么惊天动地,却有很多的琐碎。

在这个问题里职场新手普遍会有两个误区:

误区一,以为换一份工作情况会有改善。目前的岗位公司不重视,不

是核心业务岗,觉得没前途,所以想换一个更有前途的工作——从个人的角度看这么想是没问题的,俗话说"人往高处走,水往低处流";但是从公司的角度看就完全不是这样:公司招聘要看你过去的从业经历和工作成果,你在A公司是个边缘岗位,怎么可能跳到B公司就一下子去做核心业务岗了?就好比一个不会游泳的人,换个游泳池也不可能成为游泳高手一样。

真实的情况是,我们犹豫纠结要不要换个工作,往往是因为没有更好的职业选择。如果有一个明显特别好的岗位,去就是了,何必还要犹豫纠结。

误区二,等着公司重视自己的项目,投入资源。只要公司战略方向没有变,非核心业务岗是很难变成核心业务岗的。就算你运气好遇到公司战略转向,你的项目或者岗位突然受到公司前所未有的关注,大概率也会空降一个业务老手掌控局面。因为公司会考虑,这么重要的岗位,投入这么多的资源,交给一个过往没有什么工作亮点的人,到底能不能做出理想的结果。

既然换工作和等资源都走不通,这个问题应该怎么解呢?我从三个方面帮你分析:

创新都是从边缘项目开始的

项目受重视,能得到公司大量的资源投入,这是优势,同时也是限制。这意味着所有人都会盯着你的一举一动,压力巨大。你稍微有点大胆的想法都得深思熟虑,反复推敲,谁让你是公司重点项目。所以在这类项目里是很难有创新的,一方面固有的利益格局已经成形,你想创新就有可能损害一些部门的利益,一堆人会马上站出来反对。另一方面,新方法到底会有什么结果是不确定的,万一失败了怎么办?

边缘项目就没有这些问题,没人关注你,即使失败了也不会有太大的损失，万一做成了可能就是公司的惊喜。

类似的剧情在很多公司都上演过，新浪的微博，华为的手机业务无一例外都是从边缘项目开始，慢慢成了公司的核心业务。

所以，当你接手了一个边缘项目，不要总是盯着自己没资源，也要多看看自己优势，限制少就可以多创新。只要没有突破公司划定的工作范围，你尽可以把自己的奇思妙想都试一遍，万一就成功了呢？

不断提供最小可交付结果

不投入资源，还要有创新的结果，就像是既要马儿跑，还要马儿不吃草，怎么听都像是毒鸡汤。

到底是公司持续的投入资源才能有结果，还是你做出了结果公司才会投入资源？这其实是一个先有鸡还是先有蛋的问题。回答这个问题之前，我想先讲个案例。

我有一个朋友在IT行业做人力资源管理好多年，两年前头脑发热辞职创业，创办了一家IT科技公司。披星戴月地忙活了大半年，产品磕磕绊绊总算上市，想要扩大市场就必须投入更多的钱，于是开始找投资金融机构。大大小小的投资人见了不少，结果出奇的一致：开始大家都对产品非常看好，无论是功能性还是科技感都是独树一帜，但是一问到创始人的背景，就开始皱眉思索，最后基本都是无疾而终。这些投资人给出的拒绝理由是：没有业务背景，也没有创业成功的经验，产品再好也不敢投。朋友跟我说这事的时候，义愤填膺地抱怨：投资人真势利，凭什么歧视做人力的，我一定做出成绩给他们看看。于是她四处借钱，又玩命干了半年，产品终于得到市场的认可。这个时候反而有好几家投资机构主动找上门谈投资。职场人的价值其实都写在你过往的经历里，你拿不出成功的结果就没法让别人相信你值得投资。

在边缘项目中创新也是要有技巧的，这个技巧用一句话总结就是要不断地提供最小可交付结果。一定要最小,因为大的结果就需要更长的时间和大量的资源。时间太长,公司没有那么多耐心等你拿了资源慢慢发育,大量的资源更是可遇不可求。一定要可交付,在职场里做任务就和工厂里生产产品一样,顾客需要的都是直接可用的东西,拿到手的得是成品,如果你给出的东西总是需要别人再修改和完善的半成品,怎么会有竞争力呢?

提供最小可交付结果,不要憋大招。在时间充裕,资源充足的条件下,你当然可以不鸣则已,一鸣惊人。但是资源有限,时间有限,就得小步快跑,持续不断地证明项目价值。

接触核心业务岗

如果你实在没有能力在边缘项目里做出一番成绩,也找不到其他更好的工作岗位,还有最后一招,就是悄悄混进核心业务岗。

我曾经辅导过一个学员,他的职业转型经历非常值得借鉴。他在一家大型商超连锁机构做了快十年的运营,机缘巧合下对企业内控的岗位产生了很大的兴趣,学了很多相关的课程,也在同步考职称。准备工作做得差不多了,他出去面试了一圈发现完全没机会。

"很多公司招内控的岗位都对工作经验有要求,我虽然课程学了很多,但却没有实操经验,没什么竞争力怎么办?"这又就陷入了死循环。

后来我们换了一个思路,先从公司内部的内控岗位开始。他是做采购的,和内控部门有工作交集,以前都是工作上的泛泛之交,现在他有了新的任务——去内控部门交朋友。最好是脾气秉性比较聊得来的。功夫不负有心人,大半年的时间他成了内控部门的常客,不仅对他们的工作流程越来越熟悉,有时候还主动帮助做一些小任务。内控的工作经验自然是越来越丰富,对付面试绰绰有余了。但他心里还是没底,又摸索了半年,结合自己课程中学习的知识把内控的工作细节了解清楚,然后找了一家小企业做兼职的内控顾问练手,一年后顺利进入一家大企业做内控管理,成功转型。

所以,不见得正式的岗位才算工作经验,实习的经历、帮忙的经历都可以帮你补上工作经验。在做好本职工作的同时,可以试试偷偷接触心仪的岗位。

总　结

★要看到边缘项目的优势,有更多的创新机会。

★在边缘项目中要不断提供最小可交付的结果。

★在做好本职工作的同时,可以去核心业务部门帮忙,补充欠缺的工作经验。

行业在走下坡路，我应该走还是留

> "我在某传统行业工作了快20年了，这些年明显感觉行业下滑得很厉害，眼看着一些同行都纷纷转行了，但我是行业专家，离开这个行业几乎就得重新开始，我很迷茫，不知道该怎么办？"

　　这是典型的职业转型的问题。常见的职业转型有两种，一种是主动转型：自己对新的岗位比较感兴趣，想转型过去。另一种是被动转型：对目前的岗位其实挺满意，但是由于行业变动或者公司战略转向，不得不转型。

　　被动型转型是最痛苦的一种，本来干得好好的，突然有一天发现自己干不下去了，关键是还没有准备。年轻还好，万一人到中年遇到这种事，从头再来代价可太大了。

　　大概十年前，我在做职业规划公开课的时候，发现学员中有很多纸媒行业的编辑。那个时候电子阅读是个趋势，但是还没有到燎原之势的地步。这些编辑都有敏锐的行业洞察力，明显感觉到纸媒行业在下滑，想提前为下一步的职业转型做好准备。

　　课间闲聊的时候，有其他行业的学员出主意说，"纸媒行业不会衰落的，我就不喜欢电子阅读，我还是喜欢纸质书。纸质书那种真实的触摸感，翻页时的那种质感，电子阅读永远也达不到。"

做编辑的学员听完之后说："几千年前纸质书被发明出来的时候，也有一群人说，纸质书不行，没有竹简的那种厚重感。竹简拿在手里的感觉，纸质书永远也提供不了。结果竹简最后还是成了文物。电子阅读不是喜欢不喜欢的问题，是使用习惯的问题，一旦电子阅读的习惯普及，纸媒衰落就是必然。"

一语成谶，后来纸媒的发展果然被这位编辑言中，幸运的是他为转型提前做好了准备。

面临职业被动转型，是否真的要转，以及怎么转，有几件事要想清楚。

少想"要不要"，多想"怎么办"

你周围有没有这样的朋友，遇到工作不顺心就会和你吐槽："这个公司待不下去了，天天加班，工资又少，上司可怕，同事冷血。基本就是人间地狱，每天煎熬。"抱怨了半天，最后问你："你说我到底要不要离职呢？我实在受不了了。"

如果你说："既然这么痛苦，那就离职吧。"

他就一脸愁容地说："万一离职了找不到工作，不得去喝西北风啊。"

你接着安慰他："那就别离职了，再忍忍。"

他马上说："你不知道我们公司啊，天天加班，工资又少，上司可怕，同事冷血。基本就是人间地狱，每天煎熬……"

所有"要不要"的问题都没有答案，"要不要"更多的是发泄情绪，不能解决问题。

比如要不要考研？

考吧，学历高点总不是坏事；

但是，考本专业的我不喜欢，跨专业的又怕考不上。

那要不还是直接就业吧，早点进社会也多一些历练；
但现在就业竞争多激烈啊，学历高点机会更多吧。
……

以我在咨询行业的经验，大多数来咨询"要不要"的人，实际上都只是需要一个人倾诉一下自己的情绪，一旦你真的给他建议，他会生出一堆无法克服的困难，最后两手一摊继续问"你说我到底要不要XXXX呢？"。

"要不要"这个句式本身包含两层含义。第一层是对当下的不满意，第二层是也不知道自己对什么满意。不满的情绪充斥在脑中，注意力全部都在讲述现实是如何让自己不满意的，以至于没有任何脑力去思考下一步应该怎么办。

面对这样的来询者，我从来都不会着急分析给建议。而是会问他们："还有吗？"

对方可能会接着滔滔不绝地抱怨，等到最后终于讲到口干舌燥，筋疲力尽的时候，他们会问我："老师，您说怎么办啊？"

怎么办？这是一个关键的信号。从"要不要"到"怎么办"意味着从情绪宣泄到理性思考。

所以，不要纠结于要不要，要不要离职？要不要离婚？要不要回老家？要不要考研……这些问题都没有答案，我们可以找人倾诉，但别指望真能解决问题。

少想要不要，多想怎么办。

离职，那离职了去哪？下一份工作做什么？什么时候开始行动找一找新工作？

不离职，很痛苦怎么办？具体痛苦在哪？谁能帮忙解决？

离婚，财产怎么分？孩子跟谁？是不是要先找个律师聊聊具体情况？

不离婚，接下去的日子怎么过？有哪些具体方法能够减轻自己的痛苦？

回老家，要做什么？工资大概多少？什么时候开始投递简历试试看？

不回老家，去哪个行业更有机会？是继续在本岗位干？还是尽快跳槽？

所以，在职业被动转型这个问题上，去和留不重要，更重要的是问自己：去，有哪些行业可以选？怎么过去？留，如何应对行业下滑的危机？

职业转型的路径

转型这事千万别拍脑袋决定。普通人看职业总有一种错觉，觉得职业就是岗位，转型无非就是换个岗位。这其实是完全错误的。职业不等于岗位，职业=行业+企业+岗位。这个职业公式可以帮助大家看清转型的路径。

你做任何一份工作都得先选择一个行业，在这个行业里确定一家公司，最后进入这个公司的某个岗位。这三个维度共同组成了一个人的职业全貌。

既然是行业下滑，换岗位不太可能，这种情况下，转型只能换行业，或者换企业。我们逐一分析一下换行业和换企业的要点：

1. 换行业

行业下滑，被动转型，大家首先想到的肯定是换行业。但是俗话说得好，隔行如隔山。真要进入一个自己完全陌生的行业，的确有很大的难度。所以，在行业转换上，有三个要点：

第一，先看相关行业。每个行业都有自己的上下游行业，比如建筑行业，上游的行业有钢铁、水泥、家具、五金等等。下游有房地产开发、房屋中介。换行业，可以优先看看自己行业的上下游行业，哪些行业自己比较了解，有可能转过去的，这样已经积累的行业经验也不至于浪费。

我曾经辅导过一个学员，一直在制药行业里做车间主任。本来做得好好的，结果丈夫因为工作调动去了西南的一个三线城市工作，两口子不想分居，于是她决定辞掉工作和丈夫把家都搬过去。但她去当地考察，发现最多的就是中药材的初加工企业，根本没有大的制药工厂。完全离开制药行业，她又舍不得。

我告诉她，制药行业，上游是原材料供给，下游是药品销售。她按照这个求职方向找了一圈，最后找到了一家在整个西南地区都非常有名的药品销售连锁企业。这家企业正好要开展一个中药制剂的项目，她经过面试顺利入职了。

第二，再看细分行业。每个行业里都有细分行业，行业下滑不代表所有细分行业都不好。以教育培训行业为例，它的细分行业就有早幼教、学科辅导（K12）、高等民办教育、职业教育、留学教育、素质教育（舞蹈，书法）、在线教育等等。每个细分行业的发展趋势都不太一样，换个细分行业也许就有机会。

我有一个朋友在心理咨询领域深耕多年，尤其专注于儿童教育。他觉得现在的家长在孩子教育上的有些方法是错的，于是孜孜不倦地给家长培训、咨询。结果可想而知，有谁愿意承认自己是不合格的父母呢？

我后来给他出主意，让他试试特殊儿童的康复训练，比如针对孤独症儿童。这些孩子和他们父母都需要改变，最关键的是这些父母有极强的学习意愿。现在他已经是孤独症儿童康复领域的大咖了。

第三，考虑新兴行业。如果上下游行业、细分行业都没有自己中意的岗位，可以考虑新兴行业。比如新能源、新材料等。新兴行业进入的门槛相对较低，当然同时有很大的风险，你有可能成为先驱，也有可能成为先烈，要慎重考虑。

2. 换企业

行业下滑，不见得行业里的所有企业都下滑。只要这个行业没有彻底消失，行业里总会有发展不错的龙头企业。

同理，在发展一片向好的行业里，也有亏损，甚至完全倒闭的企业。这其中的区别在于，在高速发展的行业里，行业生态比较丰富，就像海洋生态一样，有鲸鱼，有虾米，有微生物。反正行业整体向好，大家都有的吃。但是下滑行业不是这样，下滑行业已经竞争非常充分了，头部效应非常明显，只有行业头部的几家大企业能活，中小企业都关门或者转行了。

所以，换企业的思路就是还在这个行业里，但是去挤进更大的企业。换条大船自然就更安全。

职业彻底转型的两种策略

最惨烈的转型就是三个全换，换行业，换企业，换岗位。职业彻底转型有两种模式："硬切换"和"软切换"。

硬切换就是完全抛弃过往行业，以及企业和岗位的所有积累，重新开始。硬切换的代价极大，无论是在时间、精力、金钱上都要有巨大的投入，而且要有强大的抗压能力，否则很容易半途而废。

我北大在职研的同学就是典型的例子。她工作15年一直都在制造行业做翻译，翻译标书、翻译图纸，以及负责商务谈判。随着人工智能发展越来越快，她担心自己的工作有一天会被机器人取代，遂决心转行。

她的转型步子跨得很大，辞了工作后去北大读了心理学的硕士，然后考博士，毕业后直接进了科研所去做科研了。

她这一路，我看着都感觉心惊肉跳，不过好在最后结局圆满，也算是硬切换的成功案例。

软切换就安全得多，直白点说就是骑驴找马。稳住现有的工作，然后慢慢往目标岗位靠。

有一个在制造业做HR的朋友，找我咨询，说感觉自己的工作一直不温不火，想转行去做自由培训师。她的软切换思路是这样的：先找培训公司或者管理咨询公司给自己的企业做内训，她是甲方，培训公司是乙方，自然会和她维持良好的关系。然后在业余时间选定一个领域，学习提升自己的授课能力，和培训公司明确表示自己也想试试讲课，免费的公开课或者小单子都可以争取去讲讲看。时间久了，水到渠成。

总　结

★去和留是个伪问题，真正的问题是选择之后的行动。少想"要不要"，多想"怎么办"。

★基于专业的转型，包括换行业和换企业，两种路径都要有技巧。

★彻底转型的两种策略：硬切换和软切换。

原有部门取消并入新部门,该留下还是离开

> "公司发生了战略变动,之前待的项目部门取消,一些人被裁掉,一些人辞职,而领导和我谈,希望我进入营销部门,如果过去,肯定低人一等,收入估计也会少,很不爽,我是离职还是留下?"

因公司战略变化而造成部门的裁撤和转型,而今已经是职场常态。公司实施各种变革的目的是为了公司的生存和发展,这无可厚非;但是公司得到生存和发展,受到影响的员工却面临人生重大选择:被裁员、自己离职,或者被合并到其他部门。

其中最尴尬的是那些被合并到其他部门的员工。他们的担忧在于:

一是被动改变工作内容。一般被合并到其他部门都意味着岗位的变化。比如原来是产品部门,被并到了运营部门;原来负责A业务,被并到了B业务。这种转岗带来的问题就是过去经验的损失。到新部门会重新学习新知识、新技能。

二是新团队的适应。岗位变动是工作内容的变化,而并入到新部门还有一个问题是人际环境的变化。原来建立起的团队和上级关系都不复存在,并入到新部门需要跟新的上级和新的同事重新建立信任关系,外加上自己的前部门又裁撤,成了"没娘的孩子",新团队会不会用有色眼镜看

待自己，排挤自己，都是未知数。

正是这种担忧，导致了人们犹豫，要留还是要走。

对此，我从三个角度来帮你分析清楚这个问题。

调整认知

每个人遇到应激事件，都往往会做出下意识的选择：否认、逃跑或战斗。而这背后实际上是由两部分构成：一个是认知，一个是行动。

我们都会先产生一个负面感受，继而做出负面认知，最后基于这个认知做出行动。

在这种因为裁部门而被调配的情况下，最容易出现的感受往往是：失落。内心的认知就是：我一定会被边缘化了，我过去的积累都消失了，新部门一定瞧不起我，完蛋了。

基于这个认知，人们就做出了一个决策：辞职。

但问题是，这些认知是真的吗？

当我们基于一个未必真实的认知做出判断和决策，那决策也未必是正确的。

所以，第一步先要调整认知。在这里我给你三个简单有效的方法：

1. 区分事实和观点

为什么人们会做出错误的决策，其中的一个原因就是误把观点当作事实。我认识一个小伙伴，大专毕业后频繁换工作，一直定不下来，他给出的理由是自己不够热爱，一定要做一个自己热爱的工作。他内心有一个观点：人只有做自己热爱的工作才能成为人生赢家。而问题是，他把这个观点当作了事实，深信不疑，所以屡遭拒绝。一个母亲天天说自己女儿笨，孩子的学习一直垫底，原因是她孩子很晚才学会说话，7岁时数数数不过10，她把一个观点"三岁看大，七岁看老"当成事实。于是对女儿不抱希望,不再关心她的学习,女儿也因此丧失了信心。

既然是观点,就只是一种推测、臆断,一定不是事实。

我们再回看这个话题,其中什么是事实?什么是观点?

事实:

原部门裁撤,一些员工被裁,领导跟我谈话,希望我调入新的部门。

观点:

我一定会被新部门排挤;

在新部门会不适应;

新部门的工作一定是我不喜欢的;

……

于是最后总结一条观点:这不是件好事。

当你把事实和观点都区分开时,你的认知会马上从"观点就是事实",变成"事实是事实,观点却会变"。

2. 有没有积极乐观的观点

观点有悲观消极的,自然就会有乐观积极的。

如果一个孩子说话晚,7岁还不会数数,消极的观点是"三岁看大,七岁看老",也有相反的观点,即"贵人语话迟",这孩子是贵人。

同样,我们看这个话题,有哪些乐观的观点。

事实:

原部门裁撤,一些员工被裁,领导跟我谈话,希望我调入新的部门。

观点:

领导对我很重视,否则不会留下我;

新部门很可能是公司的重要部门;

之前业务本来就走下坡路,换才是正确的路;

之前团队关系有不少问题,换个新团队没准更信任;

……

最后总结一条观点：这是个好事。

你看，这些观点也是观点，仔细一想也有道理。

这本身是个心理暗示，心理学叫"心想事成效应"。过分想消极观点，消极观点就会占据大脑，反而坐实了消极观点的真实性。你认为新团队都排挤你，你也就很害怕主动沟通和融入，结果他们就真的不那么理你，然后就真的如你所愿，排挤你。而如果换成积极观点，你内心增强暗示，你自己会主动学习新业务和主动沟通，结果发现团队更视你为新鲜血液，接纳你、认可你。

3. 问自己这么想有用吗

大家都见过吵架，也都吵过架，但你有没有发现，无论是工作上、学校里还是家里，吵到最后，我们似乎都忘了我们争吵的目的是什么，而只是为了争一个"对方认错"。此时，如果一个声音——"你对了又怎样？"——响起，大家就会清醒。

这是一种实用观的思考。当不断想着我一定会被新部门排挤，过去积累的经验都没用了，在新部门会更不适应，我们就会陷入悲观情绪中。此时问一下自己，这样想有什么用？如果这样想没有用，那更有用的想法是什么呢？

这么一想，就不会让自己在观点的海洋中沉浮。

选择问题

调整完了认知，下一步就是选择问题了。多数人的想法都是，那我是留下还是离开？

这么想，等于又中了大脑的奸计。大脑为了避免费劲，很善于把具体的选项直觉化，遇到危机，要么战斗，要么逃走，这是基因留下的策略。这种策略曾经带来了好处，但在现代文明中却大量制造错误。

留下和离开不是两个选项，而是一堆具体的选项：

a. 留下踏实干；
d. 留下混日子；
c. 离开去A公司；
d. 离开自己创业；
e. 离开待在家里；

当列出了这么多具体的选项时，才能真正理性地评估利弊、分析后果。

而这看上去是个选择题，其实背后是个问答题。

三支笔：签字笔、钢笔、迪士尼卡通笔，你会选择哪支？

这看上去是选择题，但关键是你拿笔干什么用？如果是为了收藏，会选帕克钢笔；如果是为了写东西，选签字笔；如果是为了小朋友开心，选迪士尼卡通笔。

所以问题的本身不是我该选哪个，而是：怎么做才能实现职业收益最大化，达成职业目标？

答案就是，把选择题变成简答题。

你需要的就是把自己的职业目标先列出来，比如：三年后做成XX项目，解决XX问题。

然后把几个选项放到目标前面，去思考哪个选项更有助于实现这个目标。此时，就会产生更具体的计划。

积极等待

遇到这种事情，人们会焦虑，会担心，同时也会想让马上做出选择，好像选择了留下就一辈子待在这家公司了，选择了离开，就马上提辞职了。

他们希望这件事快点了断的目的不是为了让这件事了断,而是为了不让自己焦虑、担心。

我们前边谈到了认知调整,设立更多的选项,当认知改变,选项变多之后,多数最可靠的选项其实指向的是:进入新部门,积极等待。

首先,在慌乱和仓促中,时机并不会出现。此时离开,个人内心往往没有明确目标,外部的各种选项都可能是诱惑。"病急乱投医往往都会遇到骗子",与其乱投医,不如先留在新部门,想清楚目标再定夺。

其次,新部门是福是坑,需要验证。面对未来,我们有悲观认知,有乐观认知。但你要相信什么认知都需要经过验证。不妨就在新部门踏实工作一段时间,其间既可以验证一下自己重建学习经验的能力,也可以验证一下自己是否适应新环境,还可以验证一下新团队新上级是否接纳自己。根据多数情形来看,这个选择反而是最优选择。

最后,积极等待是为未来做准备。积极的英文叫proactive,pro做前缀是"提前"的意思。积极真实的含义是形容"提前行动"的状态。而在等待中"提前行动",那自然是为未来做准备了。消极等待是被动迎接新部门的任务和调配,积极等待就是主动承接新部门的任务,并在其中仔细观察和评估。

弓箭的大多数状态都是搭在弦上、引而不发。《易经·乾卦》的九三爻辞:"君子终日乾乾,夕惕若厉,无咎。"说的都是这种积极等待的状态。这是人生的大多数良好状态。积极等待做到位,下一步才能走得更坚实。

做出好选择

总 结

★先调整认知,区分观点和事实,建立积极乐观的认知,建立实用性认知。

★把选项具体化,变选择题为简答题。

★保持积极等待的状态。

如何为可能的裁员准备PLAN B

> "最近很多公司裁员,我尽管在公司工作很多年,但还是有点担心。没准什么时候就会轮到我的头上,现在要不要准备B计划呢?"
>
> "刚被裁了。在这家公司待了7年,公司也补了钱。正好放个假,玩两个月再考虑找工作的事,相信凭借我在这个行业的经验,找个差不多的不是问题吧?"

当问到即将被裁员以及裁员后该如何行动这类问题时,大家的想法无非三类:

第一,娱乐。 给自己放个大假,好好休息娱乐一下。想着"世界那么大,我想去看看",也终于可以把攒了很久都没完结的电视剧、电影、游戏过一遍了。

第二,求职。 要还房贷,要养小孩,家里还有各种要用钱的地方,所以被裁员要赶紧求职工作,才能续上钱。

第三,挑选。 也会求职,但是待价而沽,要挑一个比过去更好的工作,最好收入能更多点,职位能更高点,工作内容也是自己喜欢的……如果没有,宁缺毋滥。

但当自己真的被裁,就会发现事实并不是如此。

做出好选择

大多数被裁员后放松了三个月的人都会发现自己待废了,想再次进入工作状态难上加难。而再找工作时,所有面试官都会问你中间这几个月干吗去了,让人哑口无言。

大多数着急找工作的人,会饥不择食,随便找一份工作,结果极其不适应,轻易中断。

大多数精挑细选的人,都会发现"高不能成,低不想就",结果随着时间的流逝,那些之前本来可以入职的工作,到后来也进不去了。

为什么这些行为并不会带来更有效和可期待的结果呢?有三个原因:

一是以自我为中心:这三个做法,目的都是为了自己。它们背后的想法都是"我想要":我想要休息,我想要马上工作,我想要挑选。这种想法无可厚非,如果不是工作,而是选一只口红,你当然可以这么想。但工作是"我"和"职"的交换需求,我能得到我想要的,是因为我满足了职业那头想要的。公司关心的不是你要休息,还是你要马上找工作,它们关心的是:

- 价值:你能给公司带来什么价值;
- 态度:你对工作有什么态度;
- 能力:你在被裁后这段时间做了什么?你做的能证明你的什么能力?

二是着眼于短期:娱乐、求职、挑选,都是短期行为。休息娱乐无可厚非,但是这个时间一旦变长,大脑和身体就会沉浸在舒适区里,再回到工作状态就越发困难。着急求职也无可厚非,但求职一旦不择目标,不做个稍微长一点的规划,带来的往往是后悔。精挑细选也无可厚非,但仅仅找了一个短期内的完美解,而不根据情况做中长期调整,遭遇的也会是后悔。

三是局部思维:以上三种做法,大脑只是在"求职"和"休息"两个选项里摇摆。因此我们能做的相关工作无非就是准备简历、看招聘网站、投简历、准备面试，这种局部思维会把我们的视野限制住，一条路走死后感觉无路可走。

所以相反的，我们对裁员的考虑就必须围绕"公司角度""长远角度""全局角度"来考虑。

第一步，先把裁员这件事分成两个阶段，一个阶段叫裁员前准备阶段，一个阶段叫裁员后计划阶段。

第二步，裁员前要有一系列准备工作。居安思危，方能有备无患。

第三步，裁员后建立不同阶段的计划。请注意这不是"休息""求职"那种短期的计划，而是一个跨度长达一年的计划。

裁员前准备

无论干什么工作，都要思考一下最危急的情境：万一被裁员了，我现在要做什么准备？从全局角度去想，那就不是简单准备一份简历就可以了，而是从这三个方面来准备：

1. 财务

被裁员的直接打击就是没有了收入来源，个人收益变成负数。如果此时没有一个储蓄池，家庭现金流断裂，外加不少人还背着房贷车贷，届时自然心态崩塌，饥不择食。

因此，任何时候都需要有一个财务风险管理。

财务评估：每个月的开销多大？如果轻奢一下，能多花多少钱？如果"断舍离"，最低开销多少？

财务储备：如果有家庭，最好能存到维持自己不工作一年的支出。如果没家庭，至少存够半年的支出。

2. 能力

你可能从来没有对自己的能力做一个全面梳理。你可能会认为，我做了某个工作做了多少年，这就是个能力；也可能认为整理一下自己的各种证书，这也算是个能力梳理。但这些并不代表你真的拥有了某些能力。

梳理能力的一个方法，就是"更新简历"。

我做过的每个咨询，都要求客户给一份他的最新简历，目的就是通过简历来发现他的能力。但经常会出现的问题是，一些人收到我这个要求后都跟我说："啊，我自打进入这家公司七八年了，没有新的简历啊。不是找工作时才会用到吗？"

当我坚持要求他们给我发简历时，痛苦就来了。如果一个人5年都没想过更新简历，在更新的时候会有种"我这五年好像没干啥"的感觉，写出一条项目经验，都如同生个孩子一样难。

厉害的人会每年都更新一次简历，用老的说法叫"年终总结"，用时尚的说法叫"复盘"。

在更新简历这个过程中，我们自然而然就能把自己的能力梳理出来，也能发现，我过去做过什么类似的工作，如果这份工作没了，我还能找一份什么工作。

更重要的是，在更新过程中，还会带来新的发现。比如：我想做个转型，从运营转到营销，但我把简历写出来之后发现，我就没做什么跟营销相关的项目；那就意味着我后边的一年，要做点跟营销相关的项目，这样才能点开新的能力树。

3. 人脉

现在估计所有人都知道，找工作如果有人脉转介，成功率会更大。我做了上千个咨询，凡是能实现那种跨度极大的职业转型的人，几乎都动用了人脉。

但问题是，等你被裁员后才想着通过人脉来找工作，很可能你会发现没积累下几个。毕竟人脉这种关系都是靠日积月累细水长流攒下来的。

所以，这就是一个人在被裁员之前要干的事情。梳理自己的人脉，同时扩展自己的人脉。

当我们在这三方面做了准备时，大致能预计到如果遇到裁员风险，自己手里有什么牌可以打，心理上的担心会减少。

裁员后计划

人是"目标—计划"动物。当给自己设定了一个特别具体的目标和特别清晰的计划时，人会像上了弦的机器玩具一样行动。

我们不妨站在招聘者角度来想想，同样一个岗位，三个候选人来应聘，一个是刚离职不久，两三个月；一个是离职半年了；一个是已经没工作一年以上了。即便这三个人之前的工作经验都一样，我们会一视同仁吗？对于那个刚离职的，我们可能不太介意他这两三个月都做了什么；但是对于那个离职半年的人，我们肯定会更关心他这半年干了什么；同时会把那个没工作一年以上的候选人的优先级放到最低，很明显我们最怀疑他的稳定性。

既然招聘者是这么想的，那作为被裁者、求职者，我们做的求职计划也要分阶段，每个阶段的重心和行动要都不一样。

1. 前期计划（0—3个月）

这三个月的计划用五个字来说就是：高标准求职。能在3个月之内找到一个高标准的"理想"职业是最优选择。所以，你可以给自己放个假，刷剧、看片、打游戏，先去西藏找自我，然后再去东京和巴黎，但时间不要超过1个月。

这期间，你给自己做一个职业目标方案：优选什么职业，次选什么职业，再次选什么职业。

这很类似高考志愿填报的"冲稳保"计划。求职也得有个"冲稳保"三字诀。冲某几个职业，稳某几个职业，保某几个职业。

然后后面两个月的求职，先用两三周时间走"冲"字诀。投简历，约人脉，面公司，发动一切可以发动的力量，冲自己最想去的公司和职业；冲两周后你会有两种结局：a. 成功入职；b. 发现明显差距，短期不可能实现。那就走"稳"字诀，把更大的精力放到次选职业的求职中。

2. 中期计划（3个月—1年）

到了中期，战略方针就得变了。

因为我们此时再去投简历面试，企业给我们的优先级一定会放低。如果一个人三个月没找到心仪的工作，站在企业角度分析原因：要么是他就没找，这意味着他心浮气躁，稳定性差；要么是他没找到，这意味着他自我定位不够清晰。此时我们再高标准求职，胜算就会一下子变小，因此就只能走"稳"字诀和"保"字诀。所以，首先我们要放宽求职标准，大公司、小公司，想去的岗位、不想去的岗位，都得试试。

其次，是时候为不上班的工作做准备了。所谓"不上班的工作"，说好听点叫"自由职业""创业"，说不好听点就是"兼职""打零工"。随着一个人待业的时间变长，他再次应聘成功的概率也会变小。而如果他依然在工作，在挣钱，这却能提高他的成功概率。因为这从另一个角度说明，他拥有积极主动的品质，以及能挣钱的能力。所以，在这个阶段，你要去考虑几个问题：

我能解决什么问题？
我的客户在哪里？
我怎么找到客户？
我怎么卖自己？

然后，给自己定一个2—3个月的学习计划，学习能解决客户问题的技术。很多技术，一天一周可能学不会，但你真下死功夫学3个月，也能做出成绩。比如：全套办公软件，学好了可以帮人美化PPT，等等；学个PS、视频剪辑、P个图、修个视频能收点钱；学个社群运营，可以直接参与各个社群，帮他们服务好客户收钱。

最后，还记得在裁员前准备提到了财务方面的准备了吗？如果你在那时能大致评估出你一个月的最高开销和最低开销。等到待业3个月还没收入的时候，就要降低你的月开销了。

先戒烟戒酒，省一笔钱；自己做饭；自己烧水喝；孩子报的兴趣班要挑最必需的报；有车最好停到免费的公共停车场；少看直播冲动购物。在开源没有实现的前提下，先节流渡过难关。

3. 后期计划（>1年）

最不幸的事发生了。你被裁后，一年没上班了。

到这个程度，除非这一年是脱产读书，或者自己单干，否则就别投简历了。因为被约面试的概率很小。如果你还想找个公司去打工，亲朋好友转介可能是最可能的出路。

此时的计划要变"打工路线"为"赚钱路线"。

简单说就是，用一切合法手段解决人们的某些问题，换回收益。

比如，某年冬天的一个寒夜，老王跟老马在南城一个火锅店里，羊肉涮没了，啤酒喝没了。老王说，最近手头太紧了。老马说，那搞点钱？第二天凌晨，一辆黑色小三轮摩托开到了街口，下来两个黑衣人，搬了两个箱子。一个早点摊就这么支起来了。

这虽然是个段子，但说明了只要你想，总有一些方法能赚到钱。

总　结

★面对裁员要站在公司角度、长远角度和全局角度来考虑。

★裁员前要做好财务准备、能力准备、人脉准备。

★裁员后要做出前、中、后三阶段计划。前期以求职为核心；中期做两手准备；后期变"打工路线"为"赚钱路线"。

老公说,"别工作了,养你一辈子",该信吗

> "我今年年初怀孕,但是工作非常忙,老公家经济条件比较好,老公说让我辞职别工作了,专心在家带孩子,愿意养我一辈子。我该信他吗?"

工作家庭没法平衡,这几乎是每个职场女性在生育的时候都会遇到的难题。

到底是回归家庭,全心全意地相夫教子,做一个岁月静好的全职太太,还是选择继续拼搏职场,做一个再苦再难,也要咬牙坚持的职场女超人?

这种涉及女权的话题从来都是公说公有理,婆说婆有理。针对这个问题,最有代表性的

是这两个观点。

一是千万别信。男人的嘴,骗人的鬼,女性要靠自己才踏实。经济基础决定家庭地位,没收入寄人篱下的感觉多憋屈。我的一个朋友,小两口非常恩爱,情比金坚。后来有了孩子,女生辞职在家一心一意照顾家庭,结果万万没想到人是会变的,孩子两岁的时候她老公有了外遇,女生想离婚但是才发现无论是工作经验还是工作技能都与社会脱节了,找不到合适

的工作。养活自己都成问题更别说养活孩子了。于是只能忍气吞声地维持家庭。

二是真爱无敌。既然都是一家人了，只是两人分工不同而已，再不济也有法律做保障。我在家做了几年全职太太，孩子大些了再出来工作，家庭工作都没耽误。

面对这种重大的人生决策，千万别信别人如何如何了。他是他，你是你。每家情况不一样，同样的选择很有可能结果完全相反。

想要弄清楚这个问题，并做出尽可能不让自己后悔的决定，要把握住三个要点：第一，澄清你想过的生活状态；第二，要有承担风险的能力；第三，一半信老公，一半信自己。

澄清你未来想过的生活状态

电影《让子弹飞》里面有一个很有意思的桥段，发哥饰演的黄四郎跟姜文饰演的张麻子说："三天后一定会给县长一个惊喜。"张麻子转头问葛优饰演的汤师爷："你给翻译翻译，什么叫惊喜？"汤师爷也是一脸懵，反复逼问之下，黄四郎只好说："三天后，我出180万两银子给你们出城剿匪。"张麻子这才露出恍然大悟的表情："哦，原来这是惊喜啊。"

在这个桥段里，张麻子真的是高手，没被黄四郎轻易糊弄过去。因为所谓的"惊喜"真的是太模糊了。你的"惊喜"未必是我的"惊喜"，所以张麻子才要装模作样地逼着汤师爷"翻译翻译"，非要对方现在就给个明确的表态才罢休。

回到文章开头的问题，老公说"我养你"，到底是什么意思？很多女性理解的"我养你"是这样的场景：养花种草，学琴学画，姐妹逛街，练练瑜伽，做个美甲，喝下午茶，娃有人带，钱随便花——想一想就是完美生活。而男性理解的"我养你"大概率是这样的：收拾家务，勤洗衣服，照顾孩子，孝敬父母，做好饭菜，没有双休，不要抱怨，别乱花钱。女性理解的"我养你"是天上的七仙女，而男性需要的其实是个"田螺姑娘"。因为双方对于"我养你"的标准是完全不同的。

所以，要不要做全职太太，夫妻双方对"我养你"的标准一定要清晰，否则就一定会出现相互指责，彼此失望的情况。

那么如何才能清晰这个标准呢？最简单的方法是描述典型的一天。比如，作为一个全职太太，你典型的一天的生活是什么样的？几点起床？每天要做的事情有哪些？顺序是什么样的？花销会有多少？家庭收入如何管理？如果夫妻双方对典型一天的描述比较相近，那就说明你们对"我养你"的标准达成了一致。

描述"典型的一天"并不局限于要不要做全职太太这个情景，在面对所有重大人生决策的时候，它都可以帮你澄清你的选择是否是你未来想过的生活。

比如，有找我咨询的学员很困惑两个职业选择，不确定应该选择哪一个，但当他描述完每个工作"典型的一天"之后，他马上确认不再考虑其中一个选择，因为他很确定这不是他想要的。

我们面临的所有生活选择，表面上看是不同选项的优劣比较，但本质上其实是不同生活状态的选择。要不要考研？要不要考公务员？要不要恋爱？要不要结婚？要不要二胎？要不要做全职太太？每一个"要不要"的背后都有一个"典型的一天"，这才是需要你反复思考的部分。

有承担风险的能力

即使你已经和你老公达成了"我养你"的一致标准，你可能心里还是会有担忧：未来有很多不确定性，我能相信他吗？这个时候千万不要纠结于相不相信，也不要死磕他是否有能力让你相信。未来是会变的，无论他现在说的有多诚恳，也无论他现在收入有多高，都不是你信任他的理由，因为信任本身就意味着冒险，而所有的冒险都是有代价的。

网上有一个段子，说有一个高空走钢丝的大师，走钢丝技巧出神入化，能在几十米高空的钢丝绳上做出各种高难度的动作。有一次公开演出，随着难度逐步升高，现场的气氛已经进入高潮，大师决定做一个前所未有的挑战，问现场的观众是否相信自己有高超的技巧，可以背着自己的孩子，不系安全绳走过钢丝。现场观众掌声雷动高呼"我！相！信！"。果不其然，大师背着自己的孩子有惊无险地完成了表演。接着大师问一位带着孩子来看表演的观众："你相不相信我也能背着你的孩子走过去？"观众毫不犹豫地回答："我百分百相信，但是我不想。"你明白了吧，说到底观众还是不信的。你背着自己的孩子做危险表演，就算失败，作为观众不会付出任何代价，当然高呼"我相信"。但是你要背着我的孩子做危险表演，失败的风险可是要自己承担的。

回到文章开头的问题：老公说养我一辈子，我该信他吗？这个问题翻译一下应该是：如果我信他，我是否能够承担起信错的代价？比如，自己娘家很有钱，就算有一天夫妻感情不好了，也不会为经济问题发愁，那就肯定不用担心选择失误。所以，信的前提是你有能力承担他食言的后果，这才是关键。如果没有承担风险的能力，还要选择相信就真的是赌博了。

一半信老公，一半信自己

我们特别纠结于某个选项的时候，很容易陷入一种"非A即B"的视野狭窄模式，然后反复在A选项和B选项之间权衡利弊，而忽略了其他的可能选项。

这一点其实跟我们的进化方向有关。进化论里有一个很有意思的理论，如何判断一个物种是否具备高等的智慧，有一个非常简单的方法，就是看他的眼睛的位置。低智慧动物的眼睛位置基本都在头部的两侧，比如鸡、马、鱼。高智慧动物的眼睛一般在头部的前侧，比如人、狗、猴子。

理论上讲，眼睛在头部的两侧更有利于生存，因为在这个位置眼睛的视野是全视角，都不用转头，稍微转动下眼睛，周围视野就一览无余。眼睛在头部的前侧反而是有视野盲区的，但为什么高智慧动物都是眼睛集中在头部前侧这样的进化方向呢？答案是：眼睛在头部的前侧才有可能集中视野就一个点进行观察和思考，进而，大脑皮层才有可能进化出更高的智力。所以，我们的进化方向更加倾向于让我们对单一目标进行深入思考，从而忽略了多目标的可能性。

"信老公"和"不信老公"并不是极端的两个选择。在这两个选择之外，其实还有更多可能。

人跟人的信任，从来都没有"全有"或"全无"，都是在一些方面相信，一些方面不信。你老板交给你个任务，如果他全相信，他就会闭上眼不管，直到你最后任务成功或者搞砸，这一定不是合格的老板。但如果他全不信，他根本不会交给你干，会全都自己干，那他会累死，他的管理也不合格。最靠谱的方式，是他把任务交给你，在跟你说"我相信你"的同时，要求你周期性汇报，其中的关键节点他会亲自处理。那这算是信还是不信？这算信一半。

对于老公也一样，他说"你信我，我养你"，即便你跟他确认过，你也敢于承担风险，你依然可以选择信一半。一边陶冶自我的同时，一边储备能力，干点自己能干的副业。永远相信这样一句话：

能信任别人的前提，是自己足够强大。

总　结

★面对决策纠结时,描述"典型的一天",澄清自己未来想过的生活。

★相信就要冒险,而冒险的核心是要有承担风险的能力。

★相信从来不是"全有"或"全无",可以选择"部分相信"。

事业上升期突然怀孕，该怎么办

> "今年意外怀孕，有点不知所措。本来和老公计划再晚几年要孩子的，结果这次意外打乱了所有计划。我就职的公司正在高速扩张期，职业有很大的机会再上一层楼，生孩子对我的工作还是有很大影响，我不想错过这次机会。但是家里老人都劝我们要这个孩子，我也担心现在不要，万一以后怀不上怎么办，所以非常纠结。"

这个问题是都市女性常遇到的尴尬，既要发展事业又要兼顾家庭，两头都重要，两头都为难。

中国的传统文化强调男主外，女主内。男性忙事业不顾家，那是有责任心，有上进心的表现；女性忙事业不顾家，就变成了没有尽到一个妻子和母亲的责任。所以职场女性不仅要承受兼顾事业家庭的辛苦，还要面临巨大的道德压力。

工作生活平衡，说起来容易做起来难。

工作压力的核心是发展机会稍纵即逝。我曾经在IT企业做培训管理的时候，上司是一名非常优秀的女性，已婚未育。她工作非常努力，很少在晚上8点前下班。原本有能力肯拼搏，是分公司副总的热门人选。结果突然意外怀孕，开始时还能努力跟上工作节奏，但随着产期临近，公司害怕了，和她说："你一个孕妇，还这么拼，万一出点事，责任谁承担？"于是强制要求她回家休息。等她生完孩子，休了产假回来，发现副总人选已经尘埃落定。

职场是个竞争场，你可以休息，但其他人不会等你。

生活压力的核心是生活成本太高，不敢休息。有人说女性不需要有那么强的事业心，在家相夫教子不好吗？干吗要那么辛苦？这是典型的站着说话不腰疼。大城市的房价基本掏空了N个钱包，一个人挣钱还房贷已经很勉强了，万一家里再有些突发情况，比如父母生病之类的，那真是1分钱难倒英雄汉。所以女性的工作本身就是一项很重要的家庭保障。

既然这是职场女性必须要解决的问题，那就需要一些技巧。

错开"窗口期"

发展事业还是去生孩子，核心其实是两个角色——职业女性和母亲——的冲突。这两个角色都有"最佳窗口期"。

母亲的最佳窗口期是大学毕业到35岁，因为一旦超过40岁再生娃，属于高龄产妇。一方面自己的身体机能在下滑，容易增加生产的不可测风险；另一方面对孩子的发育也会有影响。双重风险一旦爆发，后果就不单单是麻烦，而是痛苦。

但难的是，职业发展的最佳窗口期也是大学毕业到35岁。现在很多高速发展的企业都几乎不再考虑35岁以上的普通人才。因为如果一个人到35岁还不能具备更大的价值，35岁以后，从她的智力、体力、精力，到她上有老下有小，必须要为"母亲""女儿"这两个角色付出，这一切都在跟工作抢资源。与其找一个35岁，价值一般，还无法全力拼工作的母亲，不如找一个刚毕业，有发展潜力，能全力拼工作的毕业生。

所以，就这么十来年的时间，我们需要再细分，把生娃和工作的窗口期精准错开。

有的女性一毕业就生娃，工作头三年以养孩子为主。等孩子进入幼儿园了，开始全心全力奔工作。这不失为一种策略。这种策略可能会在早期失去崭露头角的可能，但在人生后半程，公司却会因为她的稳定性而更考虑重用她。当然，能采用这样策略的女性有两个重要的前提：

她需要一个在大学期间就能踏实过日子的对象。

最好能选择一个能存活比较久的行业，比如教育、医疗健康、衣食住行这类刚需行业。

还有的女性会选择高速发展的行业职业，目的就是为了能在三到五年让自己有一个快速上升。等上升到了一个新的平台，再考虑生育。这也是一类人的选择。但是，两个前提条件千万要具备：

那个行业职业真的是在高速发展，公司也在高速扩张期。这能够从就业市场的供需变化中评估出来。我们能做的，就是尽可能去机会更多的领域。

你的能力、人脉和拼搏能拿到这个机会。十年前出现了电商，但那时去电商公司的未必都能高速发展，只有敢拼，同时又选择对了老板的人得到了发展。

最后，一定要把窗口期的时间策划清楚。比如定了5年的时间在职场拼搏，5年后如果职业不能上升，是继续坚持，还是转移重心到家庭，就要再做选择。

提前准备复出计划

如果双方家里的老人都没办法帮忙照顾孩子，很多女性可能就得被迫选择辞职在家相夫教子。这个时候千万不要想着三年后孩子上了幼儿园再复出工作。因为我见过的很多全职妈妈，真到了三年后，无论是工作技能还是工作心态都完全不在状态了。突然重新回归职场，适应期会过得非常艰难。在家带孩子期间需要有意识做三个方面的储备：**工作人脉圈储备、专业知识储备和家庭支持储备**。

工作人脉圈储备，要在家里还能保持工作人脉的链接。相比于通过招聘网站面试竞争，前同事、老板，以及人脉的内部推荐会大大增加成功的概率。如果你辞职回家，和公司的同事、行业里的熟人都不联系了，等真到了想回去工作的时候，会发现自己除了在招聘网站上找工作外，完全没有其他的就业渠道。这并不需要有多强的工作联系，保持朋友圈的互动，有时间吃饭叙旧，花不了太多时间。平时有来往，回归职场的时候找人家帮忙推荐才会顺理成章。千万不要平时根本不联系，找工作了才想起来好像有个谁能帮你，为时晚矣。

专业知识储备，核心在于跟得上岗位知识的更新。带孩子两三年，岗位变化日新月异，甚至岗位职责都变了。所以要多关注一些行业或者专业领域的媒体，至少知道行业的变化趋势，知道圈子里都在发生什么事，不至于和行业脱节。

家庭支持储备，要提前和家人沟通好自己重新工作的时间点，为回归职场做好相应的计划。家人支持无非是两个方面，即人力支持和金钱支持。人力支持就得和双方父母沟通好，比如孩子大了好带一些了，大概什么时间能接替自己照顾孩子。如果父母无法帮忙的时候可能就得找保姆或者月嫂，就要提前做好资金储备。

打造自己的支持系统

生了孩子，父母帮忙照顾，自己继续拼搏事业是一种两边平衡的策略。但这种策略看着容易做着难，个中辛苦，男性是很难体会到的。

我太太曾经是小米公司的HR，她事业心很强，刚怀孕时就明确表示绝不放弃工作。她一直坚持到预产期前一周才休息。等她休完产假回去上班，才发现我们还是太年轻，完全低估了即将面对的困难。

首先是给孩子喂奶的问题。由于还在哺乳期，白天上班时，乳汁也是正常分泌的，会涨奶。于是每工作一段时间她就要去卫生间用吸奶器把乳汁吸出来。吸出来的乳汁倒掉很可惜，自己喝掉很奇怪，只能用袋子装起来冻在公司冰箱里，下班了再用带冰袋的盒子带回家，孩子饿的时候再化开了给孩子吃。这种情况一直坚持到孩子8个月断奶。

其次是工作精力问题。白天要上班，晚上回家并不能完全休息。几个月大的孩子晚上至少要吃2～3次奶，所以意味着连续一年，都没办法睡一个完整的觉。白天还要在公司里高强度工作至少8个小时。所以那段时间，周末所有的时间她都在补觉，怎么睡都睡不够。

最后是心理压力。睡眠不好，还要保证足够的奶水，饮食上自然没办法控制太多。结果就是身材走形很明显。还有父母过来帮忙带孩子，一家人住在一起难免会有生活习惯上的摩擦。方方面面的问题都会加重女性的心理压力。更要命的是，这种情况短期内无法改变，很容易让人产生绝望感，严重时甚至会有产后抑郁症。

所以，如果你决定一边工作一边照顾孩子，就需要提前打造好家庭支持系统。比如和家人坦诚沟通可能会面临的困难，以及需要哪些具体的支持，至少家庭成员要有心理准备。大家沟通得越充分，面对困难时的矛盾才可能越小。

总 结

★错开生育和职业的"窗口期"。

★优先选择照顾家庭，要提前准备复出计划。

★选择兼顾家庭和工作，要打造自己的支持系统。

后　记

写到最后，我想讲讲我自己做职业规划的经历。

2010年，我正式转型成为了一名职业规划师。而后10年里我一直专注于研究一个问题：

个人如何在组织框架里发展自己的职业生涯，做出好选择。

坦白说，这真的不是一件容易的事情。你可以想象一下这个场景是多么尴尬：很多公司邀请你去给员工培训，教他们如何规划自己的职业未来。开课前，HR都会千叮咛万嘱咐："我们希望你的课程能够激发员工的内驱力，真正地让员工明白要为自己工作，全力以赴地努力，但是千万别把员工讲离职了啊。"末了还要给我一个"你懂的"的眼神。

但很可能每个来上课的人脑子里都想着三个问题：我遇到问题了怎么办？我好迷茫怎么办？我要不要离职？

在权衡组织与个人利益这件事上，当时几乎没有任何同行成功过，所有人都跟我说"这不可能"。但我决定做第一个"吃螃蟹"的人。

一开始只有朋友的公司敢邀请我去尝试，我不负众望，第一场培训结束的一个月内，5名员工离职，3名员工要求调岗。朋友请我吃饭，劝我慎重考虑自己的职业方向……

第二场培训我调整了内容，结果员工在培训反馈里的评价比较一致：这是一门毫无营养的洗脑课。

那几年我很痛苦，我常年都在思考这个问题：

个人跟组织到底是什么关系：对立？斗争？博弈？双赢？交换？

如果想不明白这个问题，人们在工作中就会屡屡做出错误选择：为了寻找一个自己"喜欢"的工作而辞职；因为父母的一句话而考公；岗位快被机器取代了还不求变；跟上级领导各种相爱相杀。

于是，我努力探索出了一套可以同时帮助个体和组织达成共识的认知体系和方法，我把这套方法称为"共同成长理论"。个体和组织都是需要不断成长的，只有共同成长才能实现共赢。如果个体成长的速度比组织快，会感觉组织内没有发展空间，这山望着那山高，一旦有机会就会毫不犹豫地离开。如果组织的成长速度比个体快，组织会认为员工内驱力不足，不能跟上组织的快节奏，长江后浪推前浪，必然会有新一轮的淘汰。

个人和组织是阶段性共赢关系，对个人来说，关键在于确定自己的职业阶段，明白自己的阶段性目标。如此既能帮助个体在组织中成长、成功，也能为组织创造价值。同时，也解答了个体在工作中所面临的各种问题，帮助他们做出好的选择。

后来，我服务的企业客户从不知名的小企业，到腾讯、阿里巴巴、百度、小米、滴滴、新浪、京东等互联网知名企业，并且连续多年为他们提供咨询和培训。

但我还有怀疑，我想试试这套体系除了互联网企业外，对其他行业适用吗？于是我的客户名单上又有了顺丰、TCL、新东方、好未来等重人力行业。对民营企业适用，那在国企和外企也行得通吗？

于是我的咨询和课程又进入了华润、保利、中海油、渤海银行、金地、惠普、通用、丰田、韩国浦项、法国泰雷兹。

还剩最后一块高地，就是事业单位。于是我又将国家审计署、特许公认会计师公会、北京教委，以及清华大学，北京理工大学等全国30余所高校纳入了服务名单。

到今天为止，我每年会服务20到30家不同类型的组织，并帮助成千上万在组织里迷茫、困惑的个人做出更靠谱的选择。我深感其意义重大，并从中收获了很多。

在本书付梓之际，感谢蓝狮子编辑团队对本书所做的大量修改与编辑，因为你们的信任，我们才能在很短时间把过往经验总结出来，形成一本书；感谢每一位言"职"有理的学员，大家提出的各种问题给了我们很大启发。

关于选择的问题层出不穷，本书所做的分析如有疏漏和不妥之处，还请读者朋友不吝赐教。如果你有关于个人发展、职业规划的更多问题，想要更多地学习，也欢迎添加我的个人微信号：wangpengcareer。

王鹏
2020年10月

图书在版编目（CIP）数据

做出好选择 / 马华兴，王鹏著. -- 北京：中国友谊出版公司，2021.1（2021.6 重印）
ISBN 978-7-5057-5080-7

Ⅰ. ①做… Ⅱ. ①马… ②王… Ⅲ. ①职业选择—通俗读物 Ⅳ. ① C913.2-49

中国版本图书馆 CIP 数据核字（2020）第 237672 号

书名	做出好选择
作者	马华兴　王　鹏
出版	中国友谊出版公司
策划	杭州蓝狮子文化创意股份有限公司
发行	杭州飞阅图书有限公司
经销	新华书店
制版	杭州真凯文化艺术有限公司
印刷	杭州钱江彩色印务有限公司
规格	880×1230 毫米　32 开 8.125 印张　225 千字
版次	2021 年 1 月第 1 版
印次	2021 年 6 月第 2 次印刷
书号	ISBN 978-7-5057-5080-7
定价	58.00 元
地址	北京市朝阳区西坝河南里 17 号楼
邮编	100028
电话	（010）64678009